INDICS工业互联网平台系列培训教程

企业驾驶舱应用教程

周力力 编著

彭秋玲 姜桥 周佳楠 段蛟龙 等 参编

科学出版社

北京

内 容 简 介

企业驾驶舱是主要面向企业经营管理层，立足“人财物产供销”的应用场景，满足企业对于科学管理、数据展示、业务监测、决策辅助等方面需求的商业智能系统。

企业驾驶舱是INDICS平台和CMSS的有机组成部分，企业驾驶舱通过对“两室、两站”、企业信息系统(重点是ERP、CRM、SCM等)、互联网等进行数据采集、整合、展示、分析，与企业大脑对接并提供数据支撑，同时获取决策分析支持，并将企业大脑的输入信息进行展示。此外，也通过INDICS统一网关和API总线从数据淘金等CMSS组成部分获取输入信息。

本书可作为指导工业企业用户熟练使用 INDICS 平台的企业驾驶舱产品、为工业企业赋能、推动工业互联网建设的培训教材，也可作为从事工业互联网行业人员的参考书。

图书在版编目（CIP）数据

企业驾驶舱应用教程 / 周力力编著. —北京：科学出版社，2020.10
(INDICS 工业互联网平台系列培训教程)
ISBN 978-7-03-064255-4

Ⅰ. ①企… Ⅱ. ①周… Ⅲ. ①互联网络－应用－制造工业－应用软件－技术培训－教材 Ⅳ. ①F407.4-39

中国版本图书馆 CIP 数据核字(2020)第 017831 号

责任编辑：刘 博 高慧元 / 责任校对：王 瑞
责任印制：张 伟 / 封面设计：迷底书装

科学出版社出版
北京东黄城根北街 16 号
邮政编码：100717
http://www.sciencep.com
北京凌奇印刷有限责任公司印刷
科学出版社发行 各地新华书店经销
*
2020 年 10 月第 一 版 开本：720×1000 1/16
2020 年 12 月第二次印刷 印张：8 3/4
字数：220 000

定价：58.00 元

(如有印装质量问题，我社负责调换)

“INDICS 工业互联网平台系列培训教程”

编委会

赋能工业企业　智享云端资源

——“INDICS工业互联网平台系列培训教程”序

习近平总书记在党的十九大报告中指出，要“加快建设制造强国，加快发展先进制造业，推动互联网、大数据、人工智能和实体经济深度融合。”①

2019年的政府工作报告中明确提出，要“打造工业互联网平台，拓展‘智能+’，为制造业转型升级赋能”。

工业互联网理念于2012年由美国GE公司提出后，其内涵持续不断发展，目前我们对其解读为：基于泛在互联网，借助制造科学技术、人工智能技术、信息通信科学技术及制造应用领域专业技术4类技术深度融合，将制造全系统及其全生命周期活动中的人、产品、资源、数据、能力、智能认知/分析/决策/执行系统等智能地连接在一起，构成人、信息空间与物理空间集成、融合的智能互联制造系统，促进制造全生命周期活动中制造模式、手段、业态的创新，从而大大提高制造业的创新制造能力和服务能力，进而实现制造业的再革命。

近年来的实践表明，工业互联网作为新一代互联网、大数据、人工智能技术与制造业深度融合的产物，已日益成为新工业革命的关键支撑，对未来工业发展正产生着全方位、深层次、革命性影响。当前，工业互联网的实践正从其局部突破的初级阶段发展到垂直深耕、跨行业、跨领域体系/全局实践的阶段，随着发展日益深化，工业互联网赋能工业未来的蓝图正在徐徐展开。

2015年以来，中国航天科工集团航天云网公司积极响应国家制造强国发展战略，并结合航天科工集团数字化转型升级发展的内生需求，整合了航天科工集团在智能制造与仿真、网络安全与自主可控、军民产业链融通等方面的优势，基于先进云制造理论与技术体系，打造了世界首批、我国首个工业互联网平台——INDICS(industrial internet cloud space)平台，并坚持以“信息互通、资源共享、能力协同、开放合作、互利共赢”为核心发展理念，按照“重战略、双驱动，重研发、强核心，重特色、创口碑，重扎根、接地气，重协同、不烧钱”的总体原则，致力于在工业互联网领域为客户提供有竞争力的、安全可信赖的产品、解决方案与服务，先后面向全球发布了实现工业互联网的INDICS平台及云制造支持系统(cloud manufacturing support system，CMSS)——“一脑一舱两室两站一淘金”(企业大脑、

① 《人民日报》，2017年10月19日。

企业驾驶舱、云端业务工作室、云端应用工作室、企业上云服务站、中小企业服务站、数据淘金）系统级工业应用产品，进而构建了可支持跨行业、跨领域，可连接制造企业全要素、全价值链和全产业链，具有智能协同云制造新模式、新手段和新业态的工业互联网系统——“航天云网”，创新地实践了中国特色工业互联网道路，为我国制造强国发展战略目标的实施做出了积极的贡献。值得指出的是，基于持续发展的 INDICS 平台和首创的“一脑一舱两室两站一淘金”系统级工业应用软件，正在为全球工业企业提供云端/边缘层的产品、能力、资源服务，进而实现智能化制造、网络化/云化协同制造、个性化/柔性化制造。

“企业大脑”可解决企业决策层关注的核心问题，为企业决策层制定战略、科学决策提供重要数据支撑，提高决策效率。“企业驾驶舱”可为企业经营层提供大数据可视化服务，并可实时提取生产、销售、产品、运营等环节数据，及时掌握管理动态，打造数据驱动型企业。“云端业务工作室”面向工业企业从业者，提供以交易为核心的一站式全流程业务服务；通过与企业自有信息系统的数据互通，实现客户到供应商业务流程的集成贯通。“云端应用工作室”通过设计研发、生产制造和运营管理的有效集成，最终形成跨单位、跨专业的数字化协同设计、协同试验和协同制造能力。“企业上云服务站”可为企业上云提供引导和路径，帮助企业设备、产线及业务快速上云，实现生产管理数据与业务数据的采集和应用，实现网络化协同制造。“中小企业服务站”汇聚线上线下优质资源，提供一站式企业服务，降低企业运营成本，激活创新潜力。“数据淘金”可为用户提供基于特定场景下的知识服务，通过人机交互，快速获取工业知识，唤醒“休眠”数据，形成知识图谱，实现数据价值最大化。

目前，“一脑一舱两室两站一淘金”系统级工业应用已经覆盖航空航天、电子信息、通用设备等十余个行业，在全国不同区域、不同企业间成功部署。

该系列培训教程对 INDICS 平台和企业大脑、企业驾驶舱、云端业务工作室、云端应用工作室、企业上云服务站、中小企业服务站、数据淘金等进行系统阐述，并对其相关工具进行介绍，具有良好的可操作性，可指导具体工作的开展。同时，培训教程中还包含广义的 INDICS 平台应用、APP 应用及开发环境介绍等内容，使读者快速入门，快速掌握工业互联网平台理论以及实践方法。

不忘初心，方得始终。期望中国航天科工集团航天云网公司将持续为研发中国工业互联网发展模式与技术手段开展创造性实践，始终聚焦客户需求，扎根企业应用，持续深化工业互联网生态体系建设，持续完善国家级工业互联网主平台，推动工业互联网建设“破壳羽化”，为中国制造业转型升级贡献“中国方案”。

李伯虎

2020 年 3 月 16 日

前　言

随着制造业与互联网融合发展的纵深推进，制造业数字化、网络化、智能化转型步伐加快，从消费领域向工业领域快速渗透。世界主要发达国家正在加快布局工业互联网平台，通过激活工业数据和知识资源，赋能工业提质增效和转型升级。在全球工业进入新旧动能加速转换的关键阶段，工业互联网将推动工业生产模式、管理模式和商业模式的加速变革，为我国重塑制造业体系，实现制造业换道超车提供重要手段。

目前，城市、交通、气象等数据容量和复杂性与日俱增，可视化的需求越来越大，依靠可视化手段进行数据分析将会成为业内的标准。同时，随着上下游产业的完善以及政策的扶持，可视化技术必将在大数据产业中大放异彩。

本书描述了可视化数据挖掘技术，以及可视化数据挖掘技术能够解决的商业问题。在介绍完业务问题和基本原理后，本书以一个完整的实例逐步地讲解利用可视化数据挖掘技术实施商业智能项目的方法。利用可视化数据挖掘工具和技术，分析人员能够从全新的角度快速、轻松地检索信息，解决常见的商业问题。

数据可视化是未来企业发展与管理的新形态，是一个需要长期培育的发展过程。本书系统全面地介绍了大数据可视化的基本知识和应用技能，详细介绍了大数据与大数据时代、数据可视化工具以及成功案例分析等内容，共 6 章，具有较强的导向性、针对性和实用性。

本书由周力力统筹编撰，由编委会统筹编写第 1 章，彭秋玲编写第 2 章，谢水庚、刘强编写第 3 章，段蛟龙编写第 4 章、第 5 章，姜桥编写第 6 章，由段蛟龙负责校对工作。在本书的编写过程中，周佳楠、刘明等提供丰富素材，贝宇红、金鑫给予很多指导，在此表示真诚的感谢。

由于编者理论水平有限，以及研究工作的局限性，本书难免存在不足之处，欢迎读者进行批评指正。

编　者

2020 年 2 月

目 录

第 1 章 INDICS 工业互联网平台

工业互联网是人与机器、机器与机器连接的新一轮技术革命。工业互联网平台作为工业互联网的核心，是工业全要素连接的枢纽。本章主要介绍工业互联网的起源与现状，并介绍世界首批、我国首个工业互联网平台——INDICS 工业互联网平台(以下简称 INDICS 平台)，以及 INDICS 平台的核心系统级工业应用——“一脑一舱两室两站一淘金”(企业大脑、企业驾驶舱、云端业务工作室、云端应用工作室、企业上云服务站、中小企业服务站、数据淘金)。

1.1 工业互联网简介

工业互联网深刻影响着研发、生产和服务各个环节，当今工业互联网技术与应用日渐丰富，传感器互联、网关通信转换、工业应用综合集成、虚拟化技术、大规模海量数据挖掘预测等信息技术的应用呈现出更为多样的工业系统智能化特征；此外，工业互联网还影响着工业物联网的商业与管理创新进程，潜移默化地改变着产品的技术品质和生产效率。

1.1.1 工业进化史

工业发展的变革始于 18 世纪的英国，也被称为第一次工业革命。这次工业革命标志着人类社会发展史上一个全新时代的开始，拉开了整个人类社会向工业化社会转变的帷幕，工业进化史如图 1-1 所示。

1. 工业 1.0——机械化

瓦特改良了蒸汽机，开启了工业革命，实现工厂机械化。

第一次工业革命是指 18 世纪从英国发起针对生产领域的技术革命，它开创了以机器代替手工劳动的时代。此次革命以工作机的诞生开始，以蒸汽机作为动力机被广泛使用为标志。蒸汽机的改良推动了机器的普及以及大工厂制的建立，从而推动了交通运输领域的革新。这次技术革命和与之相关的社会关系的变革，称为第一次工业革命或者产业革命。

图 1-1　工业进化史

2. 工业 2.0 —— 电气化

发电机的发明，使得电器被广泛使用，人类进入了电气自动化设备的年代。

第二次工业革命是指 19 世纪中期，欧洲的一些国家和美国、日本的资产阶级革命。此次革命促进了经济的发展，出现的新兴工业，如电力工业、化学工业、石油工业和汽车工业等，都要求实行大规模的集中生产，垄断组织在这些部门中应运而生，企业的规模进一步扩大，劳动生产率进一步提高。此次革命强调电力驱动产品的大规模生产，并开创了产品批量生产的新模式，人类进入了电气时代。

3. 工业 3.0——自动化

网络资讯的发展连接全球各地，各种精密机器的发明大幅提升了生产的效率与品质。

第三次工业革命始于 20 世纪四五十年代，电子与信息技术的广泛应用，使得制造过程不断实现自动化，是人类文明史上继蒸汽技术革命和电力技术革命之后科技领域里的又一次重大飞跃。第三次工业革命以原子能、电子计算机、空间技术和生物工程的发明与应用为主要标志，是涉及信息技术、新能源技术、新材料技术、生物技术、空间技术和海洋技术等诸多技术的一场信息控制技术革命，不仅极大地推动了人类社会经济、政治、文化领域的变革，而且影响了人类的生活方式和思维方式。随着科技的不断进步，人类的衣食住行用等日常生活的各个方面也发生了重大的变革。电子计算机的广泛应用促进了生产自动化、管理现代化、科技手段现代化和国防技术现代化，也推动了情报信息的自动化。以全球互联网络为标志的信息高速公路正在缩短人类交往的距离。

4. 工业 4.0——智能化

工业 4.0 起源于德国，核心概念是利用虚实整合系统，将制造业甚至整个产业供应链互联网化。

第四次工业革命的工业 4.0 战略于 2011 年诞生于德国，是德国联邦教研部与联邦经济技术部在 2013 年德国汉诺威工业博览会上提出的概念，其内容是将互联网、大数据、云计算、物联网等新技术与工业生产相结合，最终实现工厂智能化生产，让工厂直接与消费需求对接。工业 4.0 描绘了制造业的未来愿景，提出继蒸汽机的应用、规模化生产和电子信息技术三次工业革命后，人类将迎来以信息物理系统(cyber physical systems，CPS)为基础，以生产高度数字化、网络化、机器自组织为标志的第四次工业革命。随着物联网及服务的引入，制造业正迎来第四次工业革命，企业能以 CPS 的形式建立全球网络，整合其机器、仓储系统和生产设施。

1.1.2　工业互联网

工业互联网是通过人、机、物的全面互联，全要素、全产业链、全价值链的全面连接，对各类数据进行采集、传输、分析并形成智能反馈，推动形成全新的生产制造和服务体系，提升资源要素配置效率，充分挖掘制造装备、工艺和材料的潜能，提高企业生产效率，创造差异化的产品并提供增值服务。

工业互联网是新一代信息通信技术与工业经济深度融合的全新工业生态、关键基础设施和新型应用模式，它通过新一代信息通信技术建设连接工业全要素、全产业链的网络，以实现海量工业数据的实时采集、自由流转、精准分析，从而支撑业务的科学决策，实现资源的高效配置，推动制造业融合发展。工业互联网的技术与实践是全球范围内正在进行的人与机器、机器与机器连接的新一轮技术革命，并在美国、德国、中国三个制造业大国依据各自产业技术优势沿着不同的演进路径迅速扩散。工业互联网的实践是以全面互(物)联网与定制化为共性特点形成制造范式，深刻影响着研发、生产和服务等各个环节。工业互联网的内涵日渐丰富，传感器互(物)联网与综合集成、虚拟化技术、大规模海量数据挖掘预测等信息技术应用呈现出更为多样化的工业系统智能化特征。基于工业互联网的商业与管理创新所集聚形成的产业生态将构建新型的生产组织方式，也将改变产品的技术品质和生产效率，进而从根本上颠覆制造业的发展模式和进程。

1.1.3　工业互联网平台

从技术角度来看，网络、平台及安全是构成工业互联网的三大体系，其中网络是基础，平台是核心，安全是保障。

工业互联网平台作为工业互联网的核心，是面向制造业数字化、网络化、智能化需求，构建基于海量数据采集、汇聚、分析的服务体系，支撑制造资源泛在连接、弹性供给、高效配置的载体，是工业全要素连接的枢纽。

美国和德国等国家的先进企业正在以工业互联网平台为竞争点，在全球范围内扩张，工业互联网平台成为国内外先进企业抢占全球制造业主导权的必争之地。

基于各国工业体系与基础环境不同，全球工业互联网建设形成了三种范式。德国采取自下而上的模式，以完善的信息物理系统为基础，从设备的智能化开始，逐步向上延伸到生产线智能化、车间智能化、工厂智能化，最终通过打造智能制造平台逐步实现工业 4.0 的目标。美国采取由中间向两端全产业链延伸的模式，在基本实现智能制造的垂直配套体系之中，以线下全球协同制造分工布局为基础，打造全球化线上协同制造与协同售后服务平台，继续保持全球制造业垂直分工体系的主导地位。中国采取自上而下逐步深化的模式，在绝大部分企业不具备智能制造能力，企业的运营流程尚未完成信息化改造，且短时间内不可能完成智能化改造和信息化改造的前提下，从云制造生产方式变革入手，在渐进开展制造能力智能化改造和企业运营流程信息化改造过程中，同步开展企业制度的调整与变革，最终实现从云制造到协同制造、从协同制造到智能制造的逆袭。

中国航天科工集团有限公司的 INDICS 平台选择的就是第三种范式，即首先搭建工业领域公共云平台，从打造云制造产业集群生态起步，先把分散在全国各个角落市场主体的资源配置与业务流程优化工作放在中心地位，配合中国制造业的群体转型，重点服务中小微企业生产方式转变，以及企业组织结构和企业制度变革的需求，从云端企业“省钱、赚钱、生钱”三个层次逐步递进，着力打造云制造产业集群生态。INDICS 平台上线 4 年后交出的答卷，初步验证了具有中国特色、自上而下逐步深化工业互联网发展路径的现实合理性。INDICS 平台模式，既是通过“智能+”为中国制造业高质量发展和转型升级“赋能”的“航天方案”，也是为国际工业互联网建设贡献的“中国方案”。

我国政府高度重视工业互联网平台的发展，倡导工业企业云上发展，国务院印发的《关于深化“互联网+先进制造业”发展工业互联网的指导意见》也提出了到 2020 年，推动 30 万家企业应用工业互联网平台，到 2025 年，实现百万家企业上云的具体任务目标。工业企业认识到未来云化发展趋势及带来的好处，纷纷将生产数据、信息系统等迁移到云上，逐步形成平台化发展。

目前，国内外主流的工业互联网平台见表 1-1。

表 1-1　国内外主流的工业互联网平台

序号	平台名称	企业	主要描述
1	Predix 平台	GE	Predix 平台的四大核心功能是链接资产的安全监控、工业数据管理、工业数据分析、云技术应用和移动性；平台架构共分为三层，分别为边缘连接层、基础设施层和应用服务层
2	MindSphere 平台	西门子	基于云的开放式物联网操作系统；对于工业设备的数据采集，西门子提供了一个 MindConnect 的工具盒子，可以让设备轻松入网
3	Ability 平台	ABB	“边缘计算+云”架构；边缘设备负责工业设备的接入，对关键设备的参数、值和属性进行数据采集，由边缘计算服务进行数据的处理和展现，最上层的云平台对工业性能进行高级优化和分析
4	INDICS 平台	航天云网	INDICS 平台通过高效整合和共享国内外高、中、低端产业要素与优质资源，以资源虚拟化、能力服务化的云制造为核心业务模式，以提供覆盖产业链全过程和要素的生产性服务为主线，构建“线上与线下相结合、制造与服务相结合、创新与创业相结合”，适应互联网新业态的云端生态
5	根云平台	树根互联	根云平台主要基于三一重工股份有限公司在装备制造及远程运维领域的经验，由 OT 层向 IT 层延伸构建平台，重点面向设备健康管理，提供端到端工业互联网解决方案和服务；主要具备智能物联、大数据和云计算、SaaS 应用和解决方案三方面功能
6	COSMOPlat 平台	海尔	COSMOPlat 平台共分为资源层、平台层、应用层和模式层；COSMOPlat 平台已打通交互定制、开放研发、数字营销、模块采购、智能生产、智慧物流、智慧服务等业务环节，通过智能化系统使用户持续、深度参与到产品设计研发、生产制造、物流配送、迭代升级等环节，满足用户个性化定制需求

1.2　INDICS 平台简介

中国航天科工集团有限公司依托多年来在先进制造业和信息技术产业的雄厚实力，倾力打造世界首批、中国首个工业互联网平台——INDICS 平台。2015 年 5 月，中国航天科工集团有限公司成立航天云网科技发展有限责任公司；2017 年 6 月，航天云网科技发展有限责任公司打造的 INDICS 平台面向全球正式发布。

1.2.1　概述

1. 云制造的内涵

云制造是一种基于泛在网络，借助新兴制造技术、新兴信息技术、智能科学技术及制造应用领域技术4类技术深度融合的数字化、网络化、智能化技术手段。制造云构成了以用户为中心的制造资源与能力的服务云(网)，使用户通过智能终端及制造云服务平台能随时随地按需获取制造资源与能力，对制造全系统、全生命周期活动(产业链)中的人—机—物—环境—信息进行自主智能的感知、互联、协同、学习、分析、认知、决策、控制与执行，促使制造全系统及全生命周期活动中的人/组织、经营管理、技术/设备(三要素)及信息流、物流、资金流、知识流、服务流(五流)集成优化；构成一种基于泛在网络，以用户为中心，人机物融合，互联化、服务化、协同化、个性化(定制化)、柔性化、社会化的智能制造新模式(云制造范式)，进而高效、优质、节省、绿色、柔性地制造产品和服务用户，提高企业(集团)的市场竞争能力的新型制造模式。

2. INDICS平台与云制造

INDICS平台以云制造为核心，以生产性服务为主的综合服务为依托，采用开放的技术体系、开放的商业模式与低成本高效的管控体系，形成可复制、可移植的顶级现代服务业运行体制与机制，优化整合国内外资源，形成产业发展的社会化大平台，以实现“企业有组织、资源无边界”“不求所有、但求所用”的目标。

3. INDICS平台内涵

INDICS是以区块链、边缘计算、大数据智能、新一代人工智能技术等为核心的工业互联网开放空间，面向全球开发者、设备制造商和集成商以及合作伙伴提供全生命周期工业应用的开发、部署和运行环境。INDICS平台作为一种提供跨行业、跨领域、跨地域的产品全生命周期、全产业链的工业操作系统，可实现对工业设备、工业服务和工业产品的感知与物联、共享与协同、学习与决策、控制与调度，全面支撑智能制造、协同制造、云制造等新型制造模型和生态。

1.2.2 INDICS平台功能

INDICS平台基础架构及功能模块采用五层结构，分别是应用层(SaaS层)、平台服务层(PaaS层)、数据服务层(DaaS层)、基础设施服务层(IaaS层)和工业物联网层(IIOT层)，如图1-2所示。

(1)应用层(SaaS层)：提供工业应用服务，包括精益制造、智能研发、智慧控制和以远程监控、智能诊断、售后服务、资产管理为核心的智慧服务等制造全产业链的工业应用服务功能。

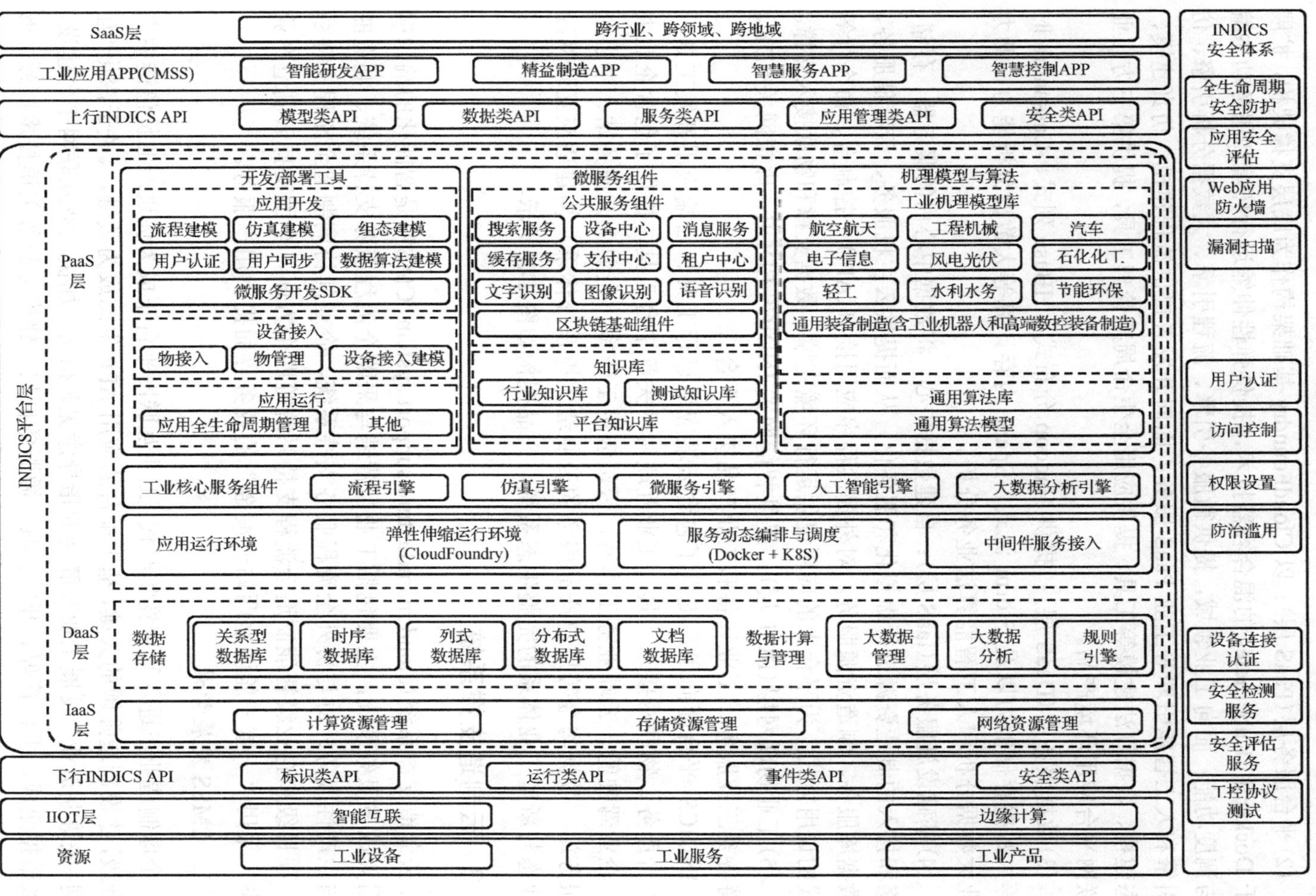

图 1-2　INDICS 平台总体架构

(2) 平台服务层(PaaS 层)：以 CloudFoundry 基础架构作为底层支撑架构，扩展基于 Docker 和 Kubernetes 的混合容器技术，提供弹性伸缩运行环境和服务动态编排与调度功能；面向工业领域，提供微服务引擎、流程引擎、大数据分析引擎、仿真引擎和人工智能引擎等工业 PaaS 服务；面向开发者提供流程建模、仿真建模、组态建模、数据算法建模等工具，提供应用全生命周期管理工具，提供第三方工业互联网平台应用环境产品。

(3) 数据服务层(DaaS 层)：提供 Hadoop 分布式、HBase 列式、Cassandra 时序等大数据存储能力以及 Storm 流式、Spark 内存计算等大数据分析能力，助力工业大数据分析和人工智能算法业务分析。

(4) 基础设施服务层(IaaS 层)：自建数据中心，将数据中心内的服务器、存储、网络和接入的制造资源进行虚拟化和服务化，从而提供云主机服务、云存储服务、云数据库服务、制造资源服务，对外提供程序应用接口(API)、控制台、命令行等形式的调用方式，为平台上的应用提供运行环境支撑、数据支撑和物联接入支撑。

(5) 工业物联网层(IIOT 层)：提供智能网关 INDICS EDGE、虚拟网关 SDK，支持各类工业服务、工业设备和工业产品接入平台。

INDICS 平台面向用户提供了包含云端应用运行工具、云端应用开发工具、云平台服务、物联网接入工具、工业互联网网关等平台工具，提供了包含企业大脑、企业驾驶舱、云端业务工作室、云端应用工作室、企业上云服务站、中小企业服务站、数据淘金等用户产品服务的云制造支撑系统体系，构建适应互联网经济业态与新型工业体系的完整生态系统，产品架构如图 1-3 所示。

1.2.3　云制造支撑系统

云制造支撑系统(cloud manufacture support system，CMSS)是智能化的端到端应用集成与服务系统，主要包括工业品营销与采购全流程服务支持系统、制造能力与生产性服务外协与协外全流程服务支持系统、企业间协同制造全流程支持系统、项目级和企业级智能制造全流程支持系统等四个方面，全面支持云制造产业生态。采用“一脑一舱两室两站一淘金”的业务界面提供用户服务。

1. CMSS 发展背景

全球制造业正进入平台竞争时代，工业互联网平台正成为促进产业价值链中高端升级，建设制造强国的关键，基于平台的应用 APP 生态成为关键。《关于深化“互联网+先进制造业”发展工业互联网的指导意见》指出，加快工业互联网平台建设，突破数据集成、平台管理、开发工具、微服务框架、建模分析等关键技术瓶颈，形成有效支撑工业互联网平台发展的技术体系和产业体系。工业和信息化部积极推动工业互联网平台建设，大力推进工业技术软件化和百万 APP 工程。

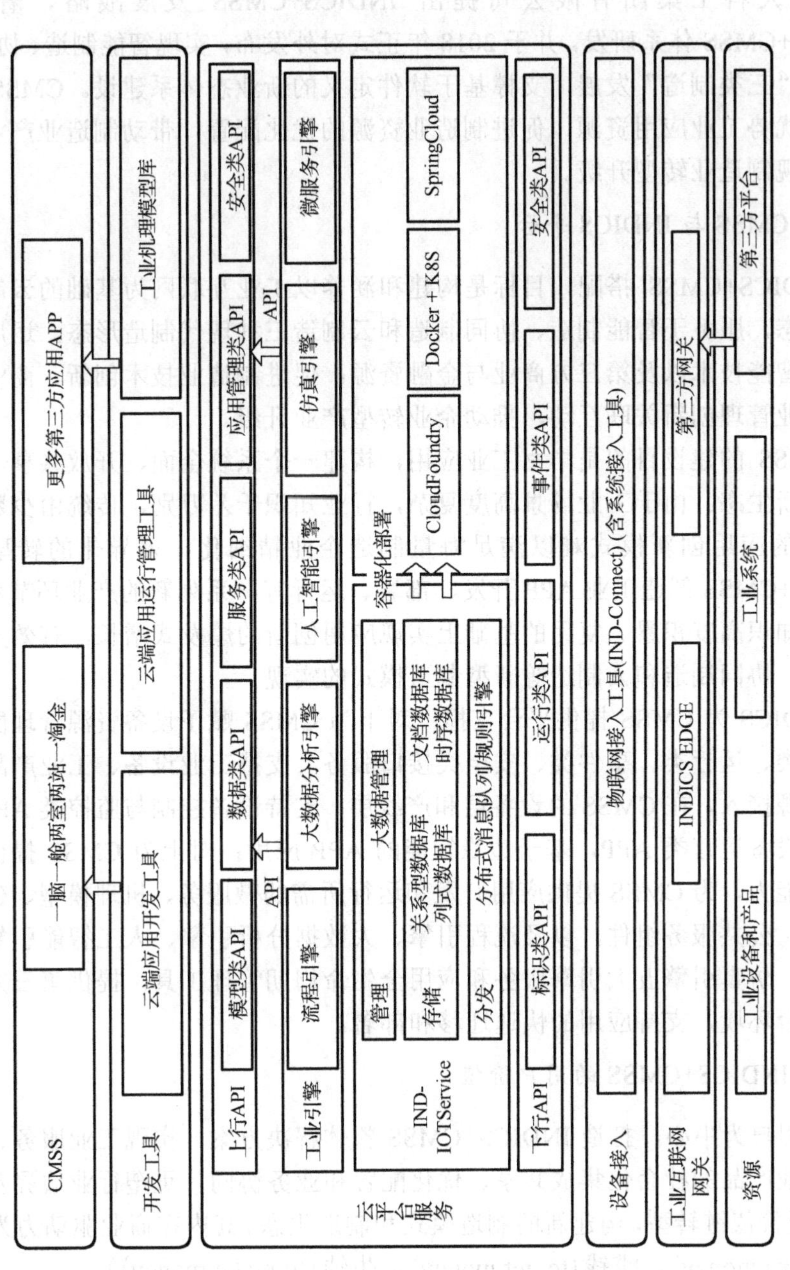

图 1-3 INDICS 平台产品架构

为深入贯彻落实以上重大举措，促进产业转型及未来企业生产经营模式升级，中国航天科工集团有限公司提出 INDICS+CMSS 发展战略，着力开展 INDICS+CMSS 体系研发，并于 2018 年正式对外发布，实现智能制造、协同制造、云制造“三类制造”发展，支撑基于软件定义的新业态体系建设。CMSS 可整合积淀的优势工业应用资源，促进制造业资源的优化配置，带动制造业产业链的重构，实现制造业转型升级。

2. CMSS 与 INDICS 平台

INDICS+CMSS 搭配，目标是构建和涵养以工业互联网为基础的云制造产业集群生态，服务于智能制造、协同制造和云制造三种现代制造形态，运用大数据和人工智能技术以及第三方商业与金融资源，促进制造业技术创新、商业模式创新与企业管理创新关联互动，推动企业转型产业升级。

CMSS 的建设目的是丰富工业应用，构建一个系统全面、开放共享、使用便捷的创新生态。由于工业场景高度复杂，行业知识千差万别，传统由少数大型企业驱动的应用创新模式难以满足海量制造企业精细化、差异化的转型需求。INDICS+CMSS 创造工业 APP 开发、部署、运行等一系列新的产业环节和价值，在工业知识高度积累、复用的基础上实现应用创新的爆发式增长，有效支撑智能化改造、协同制造和云制造等新型制造模式的实现。

INDICS 为 CMSS 提供平台支撑：对下为 CMSS 赋予设备资源管理能力，提供标识类、运行类、事件类、安全类接口服务，支持工业设备、工业产品和智能产品资源接入，在 CMSS 的设备层和产线层，支持设备控制与监控类 APP，数据驱动的设备运营类 APP，基于边缘智能的 APP 应用；对上为 CMSS 提供平台应用服务能力，为 CMSS 提供应用开发和运行所需的微服务、机理模型、建模和开发工具、公共服务组件，以及流程引擎、大数据分析引擎、人工智能引擎、微服务引擎、仿真引擎五大引擎服务和应用全生命周期管理工具，提供第三方工业互联网平台环境，支持应用的快速迁移和部署。

3. INDICS+CMSS 的用户价值

以用户为中心，打造 INDICS+CMSS 整体解决方案，实现工业服务、工业设备和工业产品的社会化集成共享、优化配置和业务协同，重塑行业边界及产业结构，实现价值链转型，构建新的制造模式和制造生态。其内在商业驱动力为 3M（省钱（to save money）、赚钱（to get money）、生钱（to make money））。

利用 INDICS+CMSS 整体解决方案，帮助企业实现快速上云，实现资源的社会化集成、配置和协同，建立体系化运作结构，形成新竞争格局和新商业盈利模式，助力制造企业进行战略转型；打破传统面向单一产品和环节的技术壁垒，重塑价值链中的研发、制造、客户服务等活动，推动价值链转型；通过对技术体系、标准体系、产业体系的重塑，构建智能制造新模式和新生态。

1.3 “脑舱室站金”简介

1.3.1 概述

INDICS 平台“一脑一舱两室两站一淘金”系统是将企业发展战略转化落地的基本模式，通过对业务场景、用户需求、分工界面、组织结构等方面的内容实现规范化、标准化处理，形成统一的可复制推广的总体架构模式，进一步延伸至平台其他产品，形成统一架构的工业应用集成环境，指导平台产品建设，拓展第三方工业应用资源合作。

INDICS 平台“一脑一舱两室两站一淘金”系统面向大型集团企业、中小微企业内的决策层、经营层与业务层提供三大层面上的服务。决策层主要指企业领导班子成员，负责公司战略制定、开拓与规划新业务；经营层指各部门管理中层，负责公司研发、生产、采购与销售等日常业务的日常运行；业务层由研发部门、生产部门、销售部门、采购部门、财务部门、仓库管理等其他综合支撑部门组成，负责公司具体业务执行。

“企业大脑”是指企业决策支持系统，主要服务于公司决策层，通过数据和专家系统、规则库、知识库、模型库、算法库、数据库等资源支撑企业战略管控与战略决策。

“企业驾驶舱”是指企业运行支持系统，主要服务于公司经营层，支撑企业经营管控活动，可为企业经营层提供大数据可视化服务，并可实时提取生产、销售、产品、运营等环节数据，及时掌握管理动态，打造数据驱动型企业。

“两室”主要服务于业务层，实现企业经营业务流程全覆盖。其中“云端业务工作室”是指企业交易流程支持系统，围绕企业在线采购与销售业务，打通线上合同的“对接、商签、履约、结算”业务流程和电子签章服务；打通财务、税务、物流等业务流程，可通过与企业自有信息系统的数据互通，实现客户到供应商业务流程的集成贯通，提供以交易为核心的一站式全流程业务服务。“云端应用工作室”是指企业制造过程支持系统，支撑工程类业务开展，可通过设计研发、生产制造和运营管理的有效集成，最终形成跨单位、跨专业的数字化协同设计、协同试验和协同制造能力。

“两站”主要实现企业的上云接入和服务支撑。其中“企业上云服务站”是指企业设备/业务上云服务系统，为企业上云提供引导和路径，帮助企业设备、产线及业务快速上云，帮助企业上云及智能化改造服务，实现生产管理数据与业务数据的采集和应用，实现网络化协同制造。“中小企业服务站”是指企业管理外包服务系统，给企业提供生产性、综合性服务支撑，可汇聚线上线下优质资源，提供一站式企业服务，降低企业运营成本，激活创新潜力。

“数据淘金”是指基于数据价值挖掘的知识服务系统，服务于所有企业内部角色，基于平台数据，面向企业和生态伙伴(数据增值服务商)提供增值服务。

航天云网“一脑一舱两室两站一淘金”系统架构图如图 1-4 所示。

1.3.2 “脑舱室站金”的应用价值

“一脑一舱两室两站一淘金”系统级工业应用作为 INDICS 平台的业务界面，是云端应用的集成环境，支持满足不同行业、不同领域企业的数字化、网络化、智能化、云化需求，无须企业单独部署，利用云端应用场景集成工业 APP 功能体系，具备一站式、多租户的特性，同时支撑工程类业务人员、协作配套类业务人员、企业经营管理者、企业决策者等类型用户不受区域限制开展云端业务。

因此，“一脑一舱两室两站一淘金”总体架构应采用“分层-微服务”的架构方式。分层架构即满足底层数据资源到顶层应用价值实现。微服务架构以面对不同种类客户、不同行业领域业务工作的较大差异，应具备良好的功能延展性、部署的便利性和高可定制性，实现渐进式开发或引入，以适应用户在不同阶段、不同时期的需求。

1. 平台层

基于 INDICS 平台提供 PaaS、IaaS 云架构服务，以 API 形式为“一脑一舱两室两站一淘金”的第三方工业应用的系统集成及业务开展提供接口。INDICS 平台具有 5 个重要功能：①提供多源异构数据接入与管理能力，帮助企业实现数据的汇聚，为实现数据分析、建模提供支撑；②构建可靠的工业应用部署运行环境，实现海量工业应用接入；③依托大数据、人工智能等新一代技术，实现核心工业引擎，提升平台服务能力；④通过对工业大数据、工业知识、技术、经验的融合，形成机理模型、算法及微服务，供开发者调用；⑤构建开放式的环境，借助机理模型、微服务组件、应用开发工具等，帮助用户快速实现工业应用开发。随着“一脑一舱两室两站一淘金”业务活动开展的不断深化、业务流程的不断丰富，大量的业务模块按照微服务的形式下沉至平台，形成可以反复调用的微服务组件，通过业务中台的构建进一步强化平台的业务开展能力和“一脑一舱两室两站一淘金”系统级应用的可剪裁、可拓展能力。

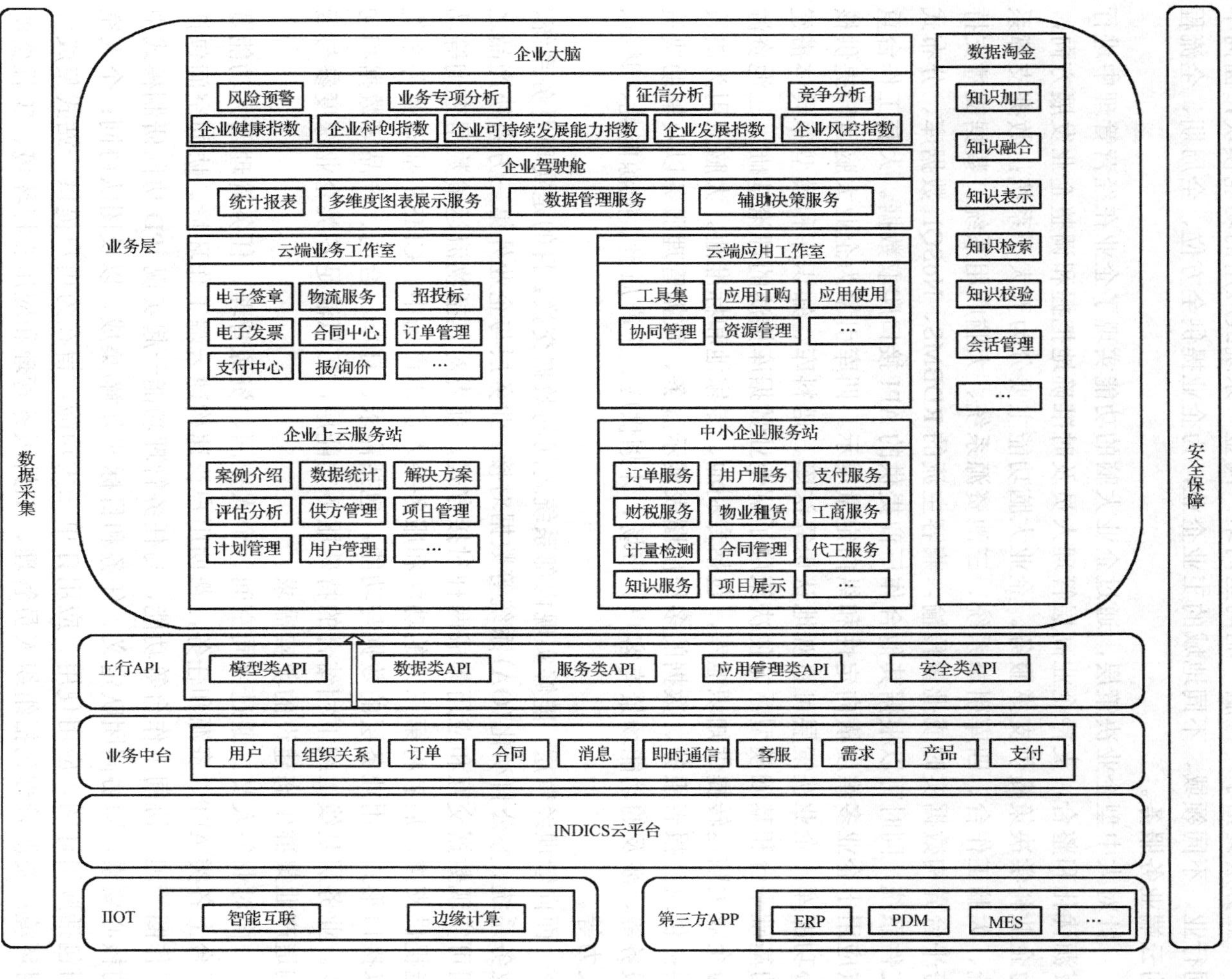

图 1-4 “一脑一舱两室两站一淘金”系统架构图

2. 业务层

业务层囊括了“一脑一舱两室两站一淘金”系统级应用的功能模块，面向不同行业、不同领域、不同地域的工业企业，为企业提供全方位、全周期、全流程的云端业务服务。

针对大中型企业决策层，通过企业大脑的功能实现了企业在经营管理中进行资源优化和整合，支持企业高层管理人员及时准确地把握和调整企业发展方向，为企业科学决策提供支撑服务。企业大脑功能主要分为五大子系统：数据支撑系统、大脑工作台、四库引擎系统、三池资源系统、大脑应用系统。数据支撑支持跨平台异构数据实时或批量传输，兼容主流的 RDBMS、NoSQL 数据库、分布式文件系统，同时可以根据其他合作厂商提供的 API 接口爬取数据。大脑工作台重点应用于企业多维度横向定性和纵向定量展示。四库引擎为企业大脑运转提供核心功能库，企业决策层可直观地认识算法库、语料库、知识库和模型库具体搭建的基础平台和基础模型，方便决策层了解企业数据库推演的理论基础。三池资源为企业大脑运转提供知识池库，包括专利池、专家池和标准池。大脑应用为决策层提供统计报表服务、数据的多维度图表展示服务、数据管理服务以及辅助决策服务等，涉及的功能场景有客户、市场、计划供应、生产质量、能源能耗、财务、人力等。

面向管理经营层，能够实现内部系统之间的数据交换，目的是实现财务系统、业务系统、办公自动化(OA)系统等数据对接。业务层与企业外第三方系统产品之间可实现数据交互和应用集成两种对接方式，前者对包括物流运输数据查询等功能提供支撑，后者将第三方的功能和服务接入应用市场中。CMSS 基础业务系统以接口形式调用业务层的数据与功能，包括需求、订单、合同、产品等数据和功能。业务层是线上线下相结合的特殊服务功能层，可以满足各类企业深度参与云制造产业集群生态建设的现实需求。

面对业务人员，通过协同空间、个人空间、资源管理、任务管理四大功能暨平台上各类 APP、资源和任务，帮助用户快速构建云端工作环境。协同空间包括工作圈管理、协同工作台等功能，与任务管理功能一起实现 IPD 协同研制模式中的核心要素，即协同团队定义、任务和目标的分解/集成，以及团队协同；个人空间包括应用订阅、应用使用、应用订单三大功能，旨在为用户提供一站式集成应用环境；资源管理包括组织人员管理、工具服务管理和应用支撑环境、工程资源库，实现人员、工具系统、知识的统一管理，以及云端和本地的协同；任务管理包括任务规划、任务看板、任务统计等功能，实现产品研制全生命周期的任务规划、任务执行、可视化管理，为任务管理提供预警提醒、决策支持。基于云端应用工作室的任务管理版块获取待办任务、消息通知等信息，通过 API 调用协同类 APP 进行企业内协同计划、协同设计、协同生产、协同仿真、协同试验等工作；调用专业类 APP 实现智慧管控、智慧研发、智能制造、智能服务；通过应用工作室的资源共享管理、工具服务管理支撑企业的云制造模式落地实施。

各企业在研发过程中，从协同制造层获取研发需求，开展设计、仿真和试验等，基于云平台通用资源版块，在云端或线下使用 CAX 工具软件，从知识库获取相关知识和标准件、元器件模型，以及开展跨企业的协同研发应用。在生产过程中，向云平台传递工艺、主计划、设备状态、生产能力等信息，开展跨企业排产和工艺仿真等应用，生成的外协、外购计划发布至协同供应链版块进行供需对接，企业针对自制计划利用云平台进行工艺仿真和产线仿真等，形成优化、合理的生产计划和节拍，基于制造执行系统(MES)下发到工业现场，利用虚拟工厂监控生产运行过程，并在生产过程及时向云平台智慧管控版块更新交货期信息，反馈质量情况。另外，针对工业现场的设备、产线和高价值装备的运行、维护需求，可利用云平台的智能服务版块，获取装备在线保障、智能资产管控、故障诊断预测等应用。

面对上云企业，通过企业上云服务站为企业提供一站式上云服务，成为企业上云工程实施抓手，支持基于云平台的智能化改造服务。通过中小企业服务站为中小微企业提供融合物业空间、政务、创业辅导、技术咨询、营销推广、科技、金融等一站式科技创新服务。

面对数据价值挖掘，数据淘金具有知识图谱、知识检索、语义识别、人机交互等功能。数据淘金接入 INDICS 平台的 DaaS 层、平台及第三方应用、专家经验等数据，通过知识抽取、知识融合、知识存储等处理过程，形成知识图谱，支持第三方合作伙伴知识库的插入，同时通过建立人工智能(AI)自学习算法，系统可以根据用户的提问、现有的数据或者知识推导出新的知识，扩充系统的知识图谱。数据淘金系统架构的重点是知识图谱模块、问题分析/语义理解模块和知识检索模块。其主要功能有 2 个：①基于工业基础词库的分词和命名实体识别；②对用户问题进行意图识别和实体抽取。意图识别是要弄清楚用户到底要问什么，如是查询故障发生次数还是查询故障原因；实体抽取是这个意图下的具体槽位值，如问句是“上个月发电机故障次数是多少”，意图就是“查询故障次数”，故障名称的槽位值是“发电机故障”，时间的槽位值是“上个月”。通过 AI 自学习模块和关系抽取实现知识图谱的抽取。知识检索模块实现路径是首先对问题进行分类，按照用户输入的问题可分为事实型和列举型问题、定义型问题、交互式问题三类。

第 2 章　企业驾驶舱概述

企业驾驶舱又名“企业运行支持系统”(enterprise operational support system, EOSS)，或称“驾驶舱”。企业驾驶舱具有展示、分析、指挥、控制等功能，帮助企业实现数字化管理、精细化管理。

企业驾驶舱主要面向企业经营管理层，立足“人财物产供销”的应用场景，是满足企业对于科学管理、数据展示、业务监测、决策辅助等方面需求的商业智能系统。

企业驾驶舱通过准确的定位和设计，产品功能包含以下三个方面。

(1)构建数据查询与展现的钻取查询，方便向上级汇报。

(2)提供基于智能生成模式并辅助人工整理的报表平台与报告平台，支持更深度和完善的数据分析与业务管理应用。其核心是使用报告库的模板和数据算法，并辅助人工整理，自动生成各种所需的分析报表报告，帮助各层级的企业在业务中节约劳动成本，提高工作效率。这有助于解决包括集团公司及所属企业在内的众多企业提出的报表过多、耗费人力，数出多门、口径各异，重复采集、环节过多等问题。

(3)提供企业各层次的战略规划、市场规划以及战略管理地图、风险指标预警、关键业务分析、重要指标监控、战略分析、综合经济信息、动态经营分析等方面的数据信息综合展示服务，为企业经营决策层提供经营决策辅助参照。

2.1　产 品 定 位

企业驾驶舱以“用户为中心”为发展理念，以服务企业经理层管理为目标，以“细化应用场景，打通业务流程，推广功能应用”为总体思路。

企业驾驶舱是给企业经营管理层提供云化的指挥、决策、控制等功能的商务智能系统；是帮助制造企业进行数据聚合的商务智能系统；是提升企业经营管理水平的数据聚合平台、数据展示平台、辅助决策平台。企业驾驶舱能够帮助企业掌握整体经营状况，增强内部感知能力；能够帮助企业了解所处的宏观经济环境、行业环境和竞争格局，增强外部感知能力；能够为企业的业务决策提供支持，增强决策智能能力；可以帮助研究部门制作分析报告，增强研究分析能力。

2.2 基础理论

2.2.1 企业广泛的需求

目前很多企业的决策效率还不够高，经营层对各层级数据和经营状况掌握不足，企业用户普遍存在全局意识不强、规划执行不到位、管理不科学、评估机制缺失等问题。企业驾驶舱符合现代企业多维度的管理方式，符合产业延伸的需求，能够在决策效率、经营掌控、战略落地、降本提效、资源调配等方面提供科学的管理信息、决策支持，使管理者更贴近业务，使管理精细化成为可能。

目前，无论大型企业还是中小企业，普遍对驾驶舱产品具有需求，目前市场上有以 Tableau 为代表的国外厂商及其国内代理商，也有永洪科技、思迈特、帆软等拥有自主知识产权产品的国内主流厂商，但是目前大量中小企业还没有使用驾驶舱类的产品，因此市场空间巨大。

2.2.2 技术基础完善

先进信息技术发展日新月异，为企业驾驶舱建设提供了基本支撑。互联网经济时代下，大数据、移动互联网、数据可视化、数据挖掘等信息技术的发展为企业驾驶舱的实现提供了方法和手段。这些新技术的发展，能够支持企业驾驶舱对数据进行采集、汇集、聚合以及深度挖掘；能够支持企业驾驶舱对信息进行展示、查询、钻取以及其他各种操作；能够支持企业驾驶舱对企业进行运营监测、管理协同以及决策支持。

所谓“可视化”(visualization)是指人在通过视觉观察并在头脑中形成客观事物的影像的过程，这是一个心智处理过程。可视化提高了人们对事物的观察能力及整体概念的形成。可视化结果便于人的记忆和理解，同时其对于信息的处理和表达方式有其他方法无法取代的优势。可视化不仅是客观现实的形象再现，也是客观规律、知识和信息的有机融合。

数据挖掘和可视化技术是两种相对独立的研究领域，都与计算机相关学科有着密切的联系，但它们又联系密切，数据挖掘过程需要可视化技术支持，可视化分析本身就是挖掘知识的过程。其中，“可视”是指将某些不可见的或抽象的事物表示成为看得见的图形或图像；“可视化”是指使用计算机创建可视图像，从而为理解大量的复杂数据提供帮助。它包含了对于数据挖掘生命周期的 4 个阶段：数据准备、模型生成、知识使用和创造性的可视化表达。这个也就暗示了将数据挖掘可视化分成 4 部分：数据准备、模型生成、知识使用和流程可视化。流程可视化就是对数据挖掘整个应用过程的可视化，数据挖掘可视化可以提高信息和知识在工程师和数据挖掘流程之间交流的方便性。

(1)数据准备。数据准备阶段的可视化目标就是将数据以可视化的形式进行预处理，这里可视化操作的内容包括：丢失值的处理、数据转换、数据采样和修剪等。

(2)模型生成。模型生成阶段的目标就是将模型创建的整个细节以一种可视化形式呈现出来。数据集、数据模型的选择、参数的设定、算法细节、结果的存储都是这个阶段的工作。

(3)知识使用。该阶段的可视化呈现目标是通过将数据挖掘过程的结果可视化的形式呈现出来，从而获取知识。在大多数情况下，数据挖掘算法的结果如关联、分类等，都是以一种人类的视觉系统很难理解的方式存在的。

(4)流程可视化。数据挖掘流程可视化的目标就是将数据挖掘的整个过程用一种可视化的形式展现在用户的面前。这样，也可以给知识分析师更多的自信以指导下一步的工作。

2.2.3　风险因素及对策

1. 应用安全

对于企业驾驶舱，通过一系列的安全措施，加强对网络攻击、越权、滥用、篡改、抵赖等威胁的对抗和防护能力。通过严格控制业务流程中的各个环节，包括注册、登录、产品维护、合同签订等过程中的人员访问身份、访问控制、审批审核等需求，同时加强系统自身的完整性保护和抗抵赖机制的实现。

(1)访问控制。企业驾驶舱设置访问控制策略，对访问来源、数据流量、身份鉴别等进行控制。

(2)应用安全审计。企业驾驶舱包含审计功能，对访问用户、操作内容、操作时间、操作结果等进行安全审计，记录用户对系统的访问行为。

(3)备份与恢复。企业驾驶舱需要建立备份与恢复策略，提供应用系统级的自动和人工备份与恢复机制。

(4)自我保护机制。企业驾驶舱应具备自我保护机制，发生突发故障(如断电、服务器死机等)系统重启后应能继续正常工作；应该能识别输入的错误信息并拒绝录入系统中。

(5)安全防护措施。基于企业驾驶舱安全脆弱性的分析，需要提供安全防护措施，可实时过滤和监测 SQL 攻击、跨站脚本攻击等网络攻击事件。

2. 数据安全

企业驾驶舱数据涉及人员信息数据、产品数据、合同数据等企业运行数据。

(1)数据存储保护。数据存储保护可以对企业驾驶舱中的数据存储进行保护，尤其是涉及用户密码之类的敏感数据，做好权限控制，防止非授权访问和获取。

(2)数据存储完整性校验。数据存储完整性校验可以对企业驾驶舱中的重要敏感数据进行完整性保护。

(3)备份与恢复。对于企业驾驶舱部署的存储系统，建立统一的备份与恢复策略，提供自动和人工备份与恢复机制。

企业驾驶舱的数据统一存储在集团统建的数据中心，数据安全由云网公司保证，权限需设置到每人，保证数据不会被其他人看到。安全防护措施如表2-1所示。

表2-1　安全防护措施

网络安全	是否需要安全隔离	是
	隔离手段	Firewall
	隔离策略	仅允许开放特定服务及端口
	是否有VPN接入访问	否
系统安全	是否需要病毒防护	是
	需要哪一级别的病毒防护	网络防病毒客户端
	需要主机防火墙	Web服务器需要
	是否需要身份认证	是
	访问控制	限制使用者(user ID & password)对系统的访问，并限制其对资源(resource)的访问权限(authority)。由主动访问实体(subject)与被动的实体(object)所组成的安全矩阵控制
	服务器的备份策略是什么	服务器集群，外部使用负载均衡软件
数据安全	数据备份策略是什么	定期备份
	是否有近线和离线备份	有
	应用环境的备份和恢复主要包括哪些数据	数据库、配置文件

2.3　产品功能

2.3.1　页面可视化功能设计

页面可视化功能设计包括以下方面。

(1)图表设计。提供增加、删除、修改功能，实现对报表名称、类型、创建人、创建时间等信息的管理。对于报表所需的数据指标，可以通过可视化的方式进行数据源的连接和建模。在产品中，不用任何编码即可完成跨数据源连接，支持层级，如时间、区域、字段层级关系，支持数据过滤，复杂的数据清洗、整理，系统可利用 ETL 工具 Kettle，可快速完成 ETL 工作。

(2) 表格制作。系统中，通过拖拽绑定相应的字段信息，即可轻松实现普通表格的制作。用户可以在表格看到高亮显示的异常值告警信息，如图 2-1 所示。

州	利润额
California	31785
Colorado	17743
Connecticut	7621
Florida	12310
Illinois	30821
Iowa	22212
Louisiana	7355
Massachusetts	16442
Missouri	3601
Nevada	10616
New Hampshire	2748
New Mexico	799
New York	20096
Ohio	10773
Oklahoma	8558
Oregon	12439

图 2-1　异常值告警

(3) 柱状图（2D、3D）。柱状图用于显示一段时间内的数据变化或显示各项之间的比较情况。在柱状图中，通常沿横坐标轴组织类别，沿纵坐标轴组织值，如图 2-2 所示。

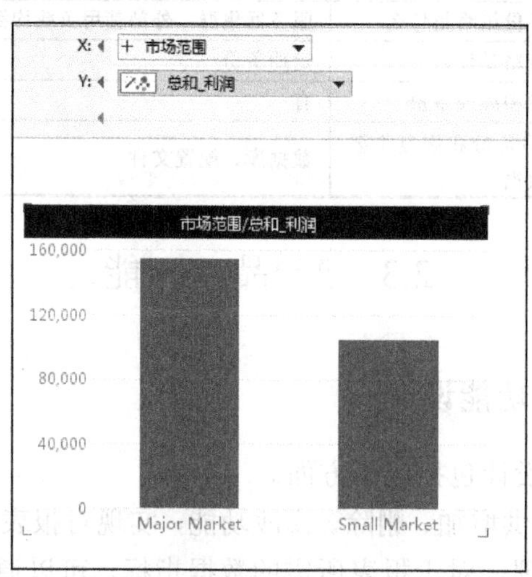

图 2-2　柱状图

3D 柱状图使用三维透视效果显示数据，使用隐藏的第三条数值轴，如图 2-3 所示。

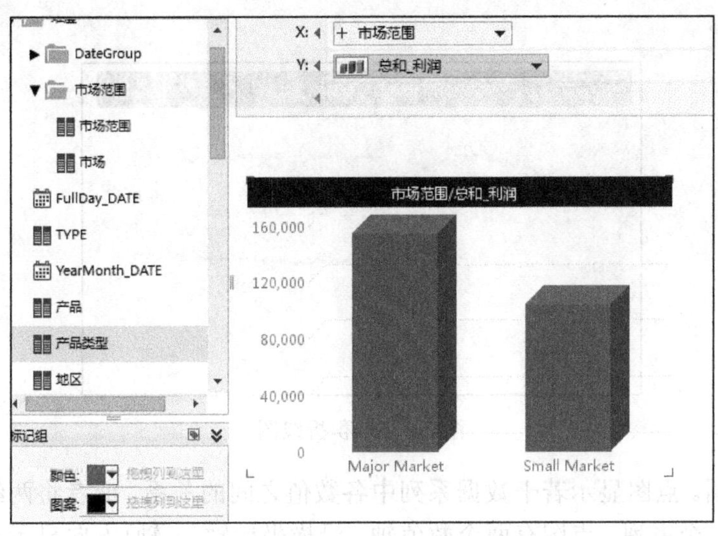

图 2-3 3D 柱状图

堆积柱状图显示单个项目与总体项目的关系，并跨类别比较每个值占总体的百分比。堆积柱状图使用二维垂直堆积矩形显示值。当有多个数据系列并且希望强调总数值时，可以使用堆积柱状图。

(4)折线图。折线图可以显示随时间(根据常用比例设置)而变化的连续数据，因此非常适用于显示在相等时间间隔下的数据趋势。在折线图中，类别数据沿水平轴均匀分布，所有值数据沿垂直轴均匀分布，如图 2-4 所示。

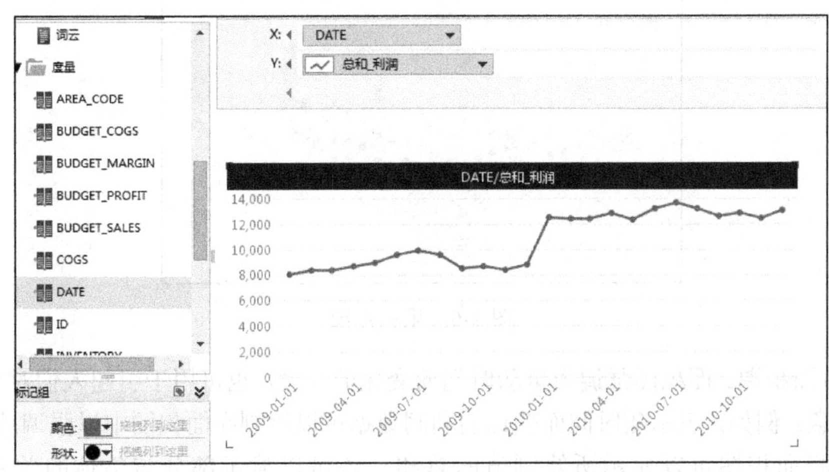

图 2-4 折线图

堆积折线图可用于显示各个值的分布随时间或排序的类别的变化趋势，但是由于看到堆积的线很难，因此请考虑改用其他折线图类型或者堆积折线图，如图 2-5 所示。

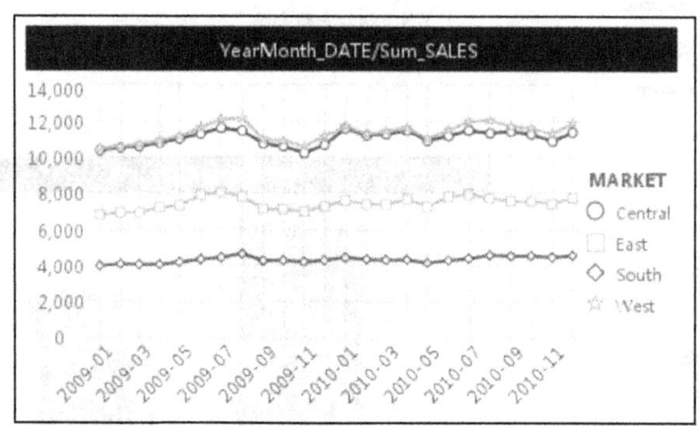

图 2-5 堆积折线图

(5) 点图。点图显示若干数据系列中各数值之间的关系，或者将两组数绘制为 *xy* 坐标的一个系列。点图有两个数值轴，沿横坐标轴（*x* 轴）方向显示一组数值数据，沿纵坐标轴（*y* 轴）方向显示另一组数值数据。点图将这些数值合并到单一数据点并按不均匀的间隔或簇来显示它们。点图通常用于显示和比较数值，如科学数据、统计数据和工程数据。

堆积点图可用于显示各个值的分布随时间或排序类别的变化趋势，但是由于看到堆积的线很难，因此请考虑改用其他折线图类型或者堆积面积图，如图 2-6 所示。

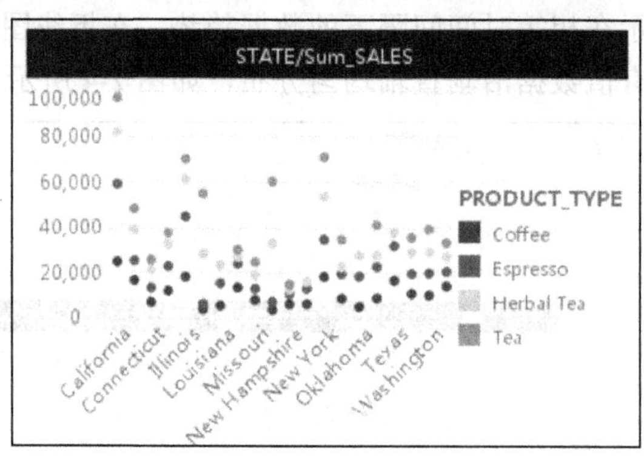

图 2-6 堆积点图

(6) 面积图。面积图强调数量随时间而变化的程度，也可用于引起人们对总值趋势的注意。例如，表示随时间而变化的利润数据可以绘制在面积图中以强调总利润。

堆积面积图可以显示所绘制值的总和，还可以显示部分与整体的关系，如图 2-7、图 2-8 所示。

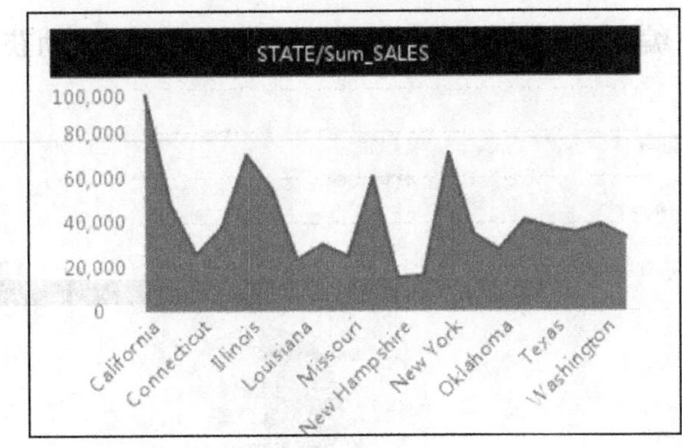

图 2-7　堆积面积图 1

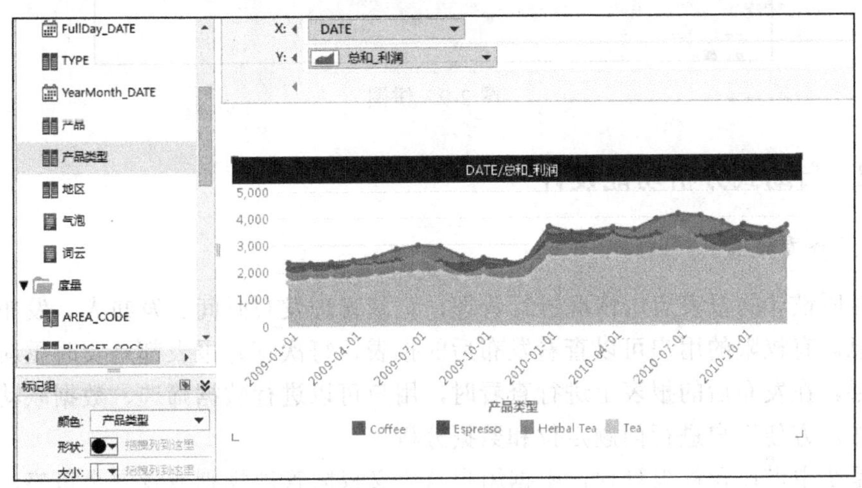

图 2-8　堆积面积图 2

(7) 饼图 (2D/3D)。饼图只有 x 轴绑定度量字段或只有 y 轴绑定度量字段。饼图显示一个数据系列（数据系列：在图表中绘制的相关数据点，这些数据源自数据表的行或列。图表中的每个数据系列具有唯一的颜色或图案，并且在图表的图例中表示。可以在图表中绘制一个或多个数据系列。）显示各项的大小与各项总和的比例。饼图中的数据点（数据点：在图表中绘制的单个值，这些值由条形、柱形、折线、饼图或圆环图的扇面、圆点和其他被称为数据标记的图形表示。相同颜色的数据标记组成一个数据系列。）显示为整个饼图的百分比，如图 2-9 所示。

产品功能设计还包括：环图 (2D/3D)、雷达图 (radar chart)、瀑布图、帕累托图、气泡图、词云图、地图 (各级地图)、组织架构图、仪表盘设计、联动分析组件设计、日期组件设计、参数控件 (下拉列表、单选、复选和搜索)、旋转/钻取/切片操作、图表联动、超链接、排序、UI 组件、填报组件、创建填报、绑定数据源、移除数据段、编辑表头、计算表达式、已填报数据的自动获取、输出组件等 70 多种。

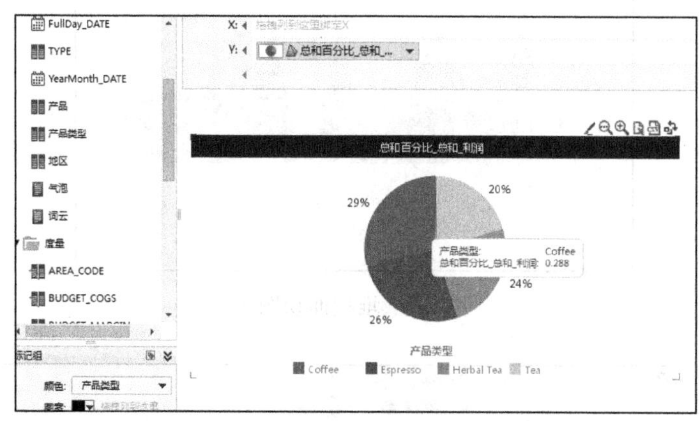

图 2-9　饼图

2.3.2　自助式分析功能设计

1. 查看报告

对所设计的报表启用情况进行管理，记录管理发布时间、发布人、发布范围等信息。有权限的用户可以查看发布后的报表，每次打开报表都是实时重新计算的结果。在发布后的报表上进行查看时，用户可以进行数据筛选、数据联动等交互操作，方便用户进行问题定位和数据分析。

系统中可设置权限管理，根据用户自定义权限管理规则或者安全策略，赋予相应操作权限。

1) 功能级权限管理

通过 Web Service 或者 Http 接口，同步主数据至系统中，按照业务规则分配相应的权限管理，如图 2-10 所示。

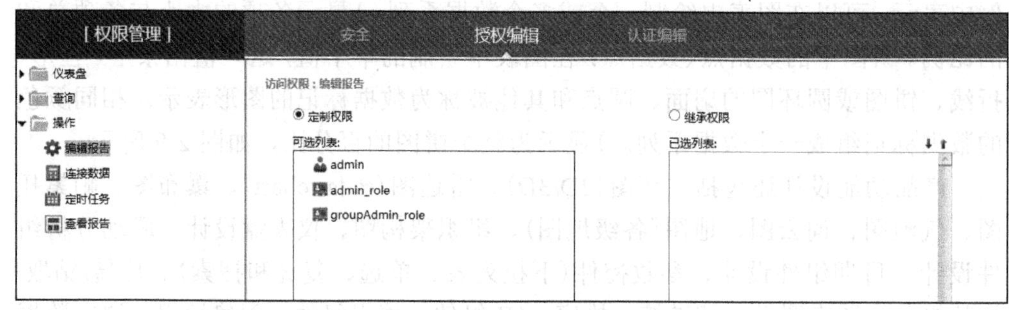

图 2-10　权限管理

2) 数据权限管理

当对功能级权限设置完成后，用户可查看数据，系统还可以对能访问数据的用户设置数据访问权限。系统采用类似于黑白名单的权限管理方式，权限管理力度可支持到单元格级别。

3) 自定义权限管理

大多数情况下，企业已有很完善的权限管理系统，本系统可通过自定义的方式，根据实际业务需求，深度集成企业已有的权限管理平台。企业只需要通过接口方式，重写用户管理类和授权管理类即可快速完成与现有权限系统整合，不需要在系统中再一次分配权限，分配权限页面如图 2-11 所示。

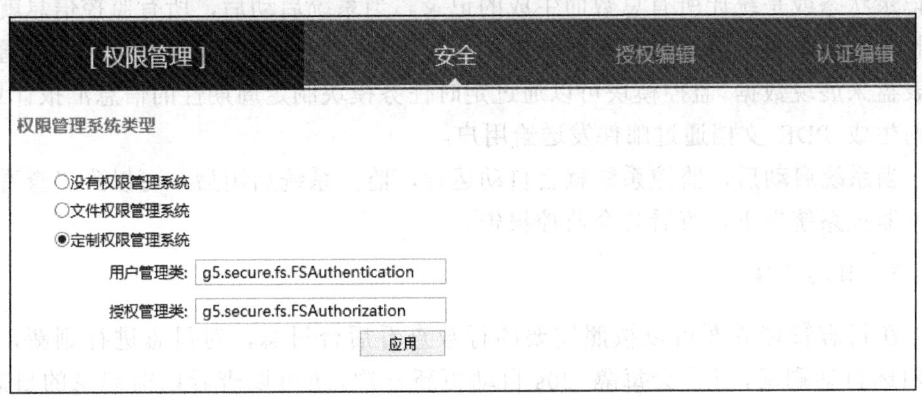

图 2-11　分配权限

2. 交互设置

系统中支持放大、笔刷、超链接、联动、输出、上卷下钻等丰富的聚焦分析功能，方便用户从不同的视角聚焦分析，挖掘数据价值。

2.3.3　移动端展示设计

系统无缝支持 PC、iPhone、iPad 和 Android 等终端设备，并在这些终端设备上保持一致、易用的用户体验。用户可以随时随地通过移动设备进行数据分析，从而做出正确决策。

2.3.4　其他功能设计

1. 无权限模式

当用户选择没有权限管理系统时，任何本产品的使用者均可进入连接数据、编辑报告、查看报告模块，但只有管理员才能进入定时任务、认证授权、资源部署、管理系统模块。

2. 监控系统

监控系统(audit)是一个独立的功能模块。它被用来监控系统的当前状态、JVM(java virtual machine)的状态、仪表盘的执行状态、查询的执行状态、文件系统的状态、分布式系统的状态等系统信息的状态。本版本收集的监测数据都被直接记在内存里。收集数据的类型有两种：一种是隔一段时间采集一次信息，再清零，此类型会有很多条历史记录；另一种是只有一条记录的，例如，只有当前的记录状态或是统计所有总数而生成的记录。当系统启动后，所有监控信息就开始收集，用户也可以通过连接数据模块里面的定制查询创建监控信息，然后通过仪表盘来展现数据。监控模块可以通过定时任务模块制定周期性的信息汇报计划，进而生成 PDF 文档通过邮件发送给用户。

当系统启动后，监控系统就会自动运行，监控系统启用后，可以到“查看报告→监控系统”下，查看各个监控报告。

3. 日志管理

在日志管理界面可以按照需要的行数查看后台日志，对日志进行刷新，如果勾选自动刷新，日志会每隔 20s 自动更新一次，还可以查看以前记录的日志。

4. 部署资源

系统中有很多用户资源，包括仪表盘、查询、图片等。如果用户需要把资源从一个系统移植到另一个系统，就需要把资源打包导出，再将其导入新系统，这个过程我们称为部署(deployment)。资源之间是有依赖关系的，当选择一些资源后，还需要把被依赖的资源也提供给用户。在导入资源的时候，需要一个确认过程，展示所有包里的资源及依赖关系，用户可以取消或不覆盖已有的资源。本版本只支持仪表盘、查询以及图片的导入导出。

如用户在测试系统上面完成需求的制作，如果要迁移到生产机，则直接复制系统安装目录 bihome 文件即可；如果想要咨询共享，则直接导出相应仪表盘即可。

5. 系统配置

系统提供一个配置文件，来控制系统属性的配置。该文件存储在 bi.home/bi.properties 里，bi.home 目录在系统安装目录下，通过系统属性配置，允许用户实现如下功能，但不只限于这些功能。

(1)配置系统邮箱。设定系统邮箱地址等信息，以便计划任务发送邮件用。

(2)配置分布式计算（云计算)的环境。用以搭建本地云和 MPP 结构的云环境。

(3)控制文本排序。如果用户希望中文排序是按照中文拼音的先后排序，可以通过属性进行控制。

(4)用户门户上访问报表的模式,可以是分析模式和查看模式以及编辑预览模式。分析模式下，可以修改绑定；查看模式则不能；编辑预览模式下，用户可以编辑报表。通过属性配置，可以切换模式。

(5)控制图表组件的一些属性。如离散图例的个数、轴的最大个数。

(6)控制监控系统的属性。

(7)控制默认的查询的样本行数和查询预览的行数。

(8)控制默认字体库的路径。

(9)仪表盘默认的会话的超时时间设置。

当用户配置好后，需要重启 tomcat 以上配置才能起作用。

2.4　作用和价值

互联网作为一个数据平台或一个数据集散地，聚集了海量的数据，在大数据时代下，互联网企业的决策离不开用户行为数据。借助数据理论和技术，找出统计规则，为互联网企业实现更好、更快的可持续发展提供了定量依据。在数据可视化的研究中，大多集中在特定的媒体上。企业驾驶舱可以为目标用户提供以下七方面价值。

1. 整合信息孤岛

企业驾驶舱通过对“两室、两站”、企业信息系统、互联网等进行数据采集、整合，聚合了营销数据、供应链数据、设备数据、用户数据、财务审计数据、人力资源数据等。可以将企业信息化的数据孤岛整合起来，提供一个全局的视图，让决策者可以更加全面地看待问题，降低决策失误风险。

2. 提高决策质量

企业驾驶舱将企业已有的信息化数据进行科学的展示，以及提供图表预警、钻取、联动、切片等功能，进而辅助决策。根据钻取功能对数据结果进行追根溯源，使问题的分析不止步于表面结果，帮助企业发现并解决存在的问题，预测模拟企业将来的发展，协助企业及时调整策略，做出更好的决策，增强企业的核心竞争力。

3. 数据挖掘预测

企业驾驶舱可以根据对积累的大数据进行挖掘，得到数据潜在规律或趋势，进而做出下一步预测；可以帮助企业看问题更长远，决策更具前瞻性；能够帮助经营管理层提高科学决策、组织协调、执行落实的能力。

4. 提供风险预警

企业可以在企业驾驶舱系统中设置数据报警阈值，数据一旦超标，企业驾驶舱会以屏幕信息提示、短信、E-mail、声音、电话等手段通知到管理员，使企业风险可控，减少安全漏洞。

5. 提高员工效率

员工制作大量报表，决策者在面对大量堆积报表数据也感到头疼。在企业驾驶舱系统中，业务人员可以减少报表制作的工作量，减少错误率以及因此造成的返工，可以轻松进行数据分析。决策者可以随时随地查看分析，及时查看到决策所关心的数据。

6. 便捷移动办公

企业驾驶舱通过移动终端使决策者可以及时且随时查看决策所关心的数据。方便用户任何场合、任何时间查看数据，及时接收预警通知，并可实现图表标注和分享。

7. 降低企业管理成本

企业驾驶舱在统一数据库支持下按照规范化的处理程序进行管理和决策，提高信息透明度，保证数据的及时、准确和完整性，既避免了信息的传递错误，又减少了冗长会议、见面沟通等占据的时间，改变过去那种信息不通、情况不明、盲目决策、相互矛盾的现象，从而显著降低企业管理成本。

第 3 章　技术框架应用

为实现企业驾驶舱业务价值，基于 INDICS 云平台构建企业驾驶舱的技术架构，整体技术架构分为三大系统层。第一层为边缘层，由边缘协议解析系统、工业设备、工业产品、信息系统等接入服务组成，支撑平台接入业务系统、工业设备、工业产品相关数据；第二层为基础支撑系统，由 INDICS 基础服务 PaaS、IaaS 构成；第三层为企业驾驶舱系统，由可视化系统、大数据系统构成。企业驾驶舱技术架构如图 3-1 所示。

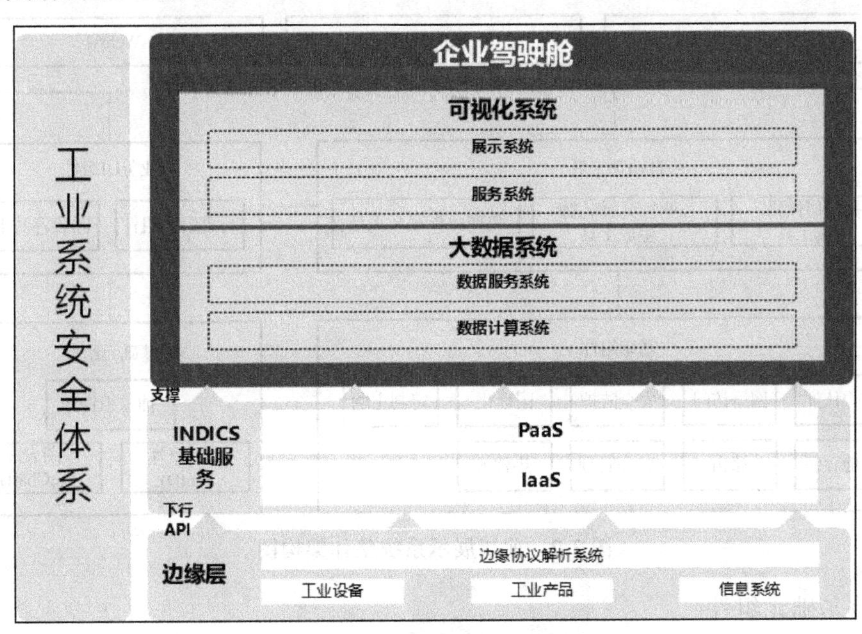

图 3-1　企业驾驶舱技术架构

3.1　技术框架简介

企业驾驶舱系统通过边缘层与外部信息系统、工业设备、工业产品等获取外部业务、设备、日志行为等数据。其内部由大数据系统、可视化系统两层系统构成：大数据系统对产品业务的大数据统计分析提供技术支撑；可视化系统实现前端交互业务、信息存取、报表图文展现等服务，为产品提供技术实现。

3.2 应用技术

3.2.1 可视化系统技术

1. 可视化展示系统

企业驾驶舱前端展示系统采用业界广泛使用的 React 前端框架，模块中尽可能多地重用代码，可以更快地构建复杂模块。React 可以按照界面模块自然划分的方式来组织和编写代码，整个 UI 是一个通过小组件构成的大组件，每个组件彼此独立。前端展示系统整体架构如图 3-2 所示。

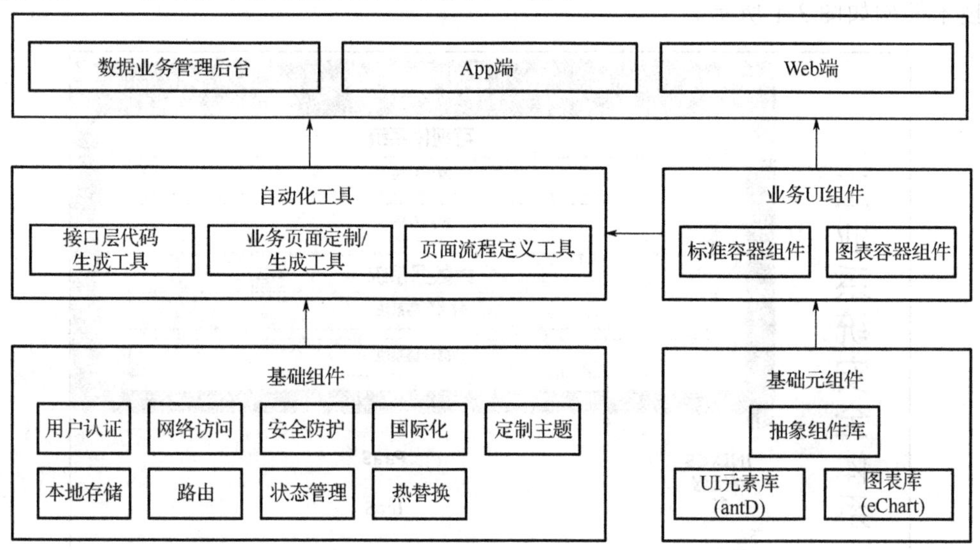

图 3-2　前端展示系统整体架构图

1) 基础元组件

基础元组件遵循面向对象的原则：依据设计规律，并将其抽象成“对象”，增强界面设计的灵活性和可维护性，同时也减少设计者的主观干扰，从而降低系统的不确定性。可运用现有的组件/模板或者自行抽象可复用的组件/模板，节约无谓的设计成本且保持系统一致性。

基础元组件采用可视化与图表开源库：antD、eChart。

2) 业务 UI 组件

业务 UI 组件遵循模块化的原则：将复杂或者重复出现的局部封装成模块，提供有限接口与其他模块互动，最终全面减少系统的复杂度，进而增加系统的可靠性以及可维护性。

业务UI组件根据业务特征，基于antD、eChart构建更高层展示，包括标准容器组件和图表容器组件。

3)基础组件

基础组件遵循统一管理的原则：提炼全局属性，保障App稳定、强壮、标准化，提供统一数据，统一操作，统一展示。

基础组件提供统一认证、安全、存储、状态管理等服务，为展示定制化提供支撑。

4)自动化工具

作为定制化的基石，代码自动化可以实现快速反馈与定制化功能，达到每一种特色数据决策BI系统定制一套数据自动化模板。包括数据自动化、业务展示(含流程)自动化。

5)使用端

使用端包括数据业务管理后台、App/Web端。数据业务管理后台提供用户可拖拽的数据决策业务定制，如指标的组合、图表组合等；App/Web端采用React架构展示层、业务层、交互行为统一。

2. 可视化服务系统

可视化服务系统整体架构采用Spring Boot微服务架构以及Spring MVC架构。在系统中功能划分的微服务模块包括后台微服务、前台微服务以及业务中台各微服务，各个微服务模块主要使用Spring MVC架构实现。

1)Spring Boot微服务架构

微服务架构是一种架构概念，旨在通过将功能分解到各个离散的服务中以实现对解决方案的解耦。微服务概念是把一个大型的单个应用程序和服务拆分为数个甚至数十个的支持微服务，它可扩展单个组件而不是整个的应用程序堆栈，从而满足服务等级协议。其定义是围绕业务领域组件来创建应用，这些应用可独立地进行开发、管理和迭代。在分散的组件中使用云架构和平台式部署、管理和服务功能，使产品交付变得更加简单。

在传统的Web开发模式中，所有的功能都打包成一个war包，基本没有什么外部依赖，部署在一个JEE容器里，包含了DO/DAO、Service、UI等所有逻辑。其优点是开发简单，集中式管理，基本不会重复开发，功能都在本地，没有分布式的管理和调用消耗。其缺点是由于开发都在同一个项目改代码，相互等待，冲突不断，使得效率降低，代码功能耦合在一起，使得维护不是很容易；构建时间长，任何小修改都要重构整个项目，耗时长；无法满足高并发下的业务需求。微服务架构可以有效地拆分应用，实现敏捷开发和部署，并且系统是由独立的微服务共同组成的，每个微服务单独部署，分布式管理。

Spring Boot 是微服务架构的一种实现方案，其研发融合了微服务架构的理念，实现了在 Java 领域内微服务架构落地的技术支撑。Spring Boot 是一种 Spring 框架，简化了 Spring 的开发过程。Spring Boot 以约定大于配置的核心思想，默认了很多设置。使用 Spring Boot 框架的微服务架构的好处如下。

(1) 使编码变得简单。Spring Boot 提供了丰富的解决方案，快速集成各种解决方案提升开发效率。

(2) 使配置变得简单。Spring Boot 提供了丰富的 Starters，集成主流开源产品往往只需要简单的配置即可。

(3) 使部署变得简单。Spring Boot 本身内嵌启动容器，仅仅需要一个命令即可启动项目，结合 Jenkins、Docker 自动化运维非常容易实现。

(4) 使监控变得简单。Spring Boot 自带监控组件，使用 Actuator 轻松监控服务各项状态。

企业驾驶舱系统中的主要微服务结构设计如图 3-3 所示。

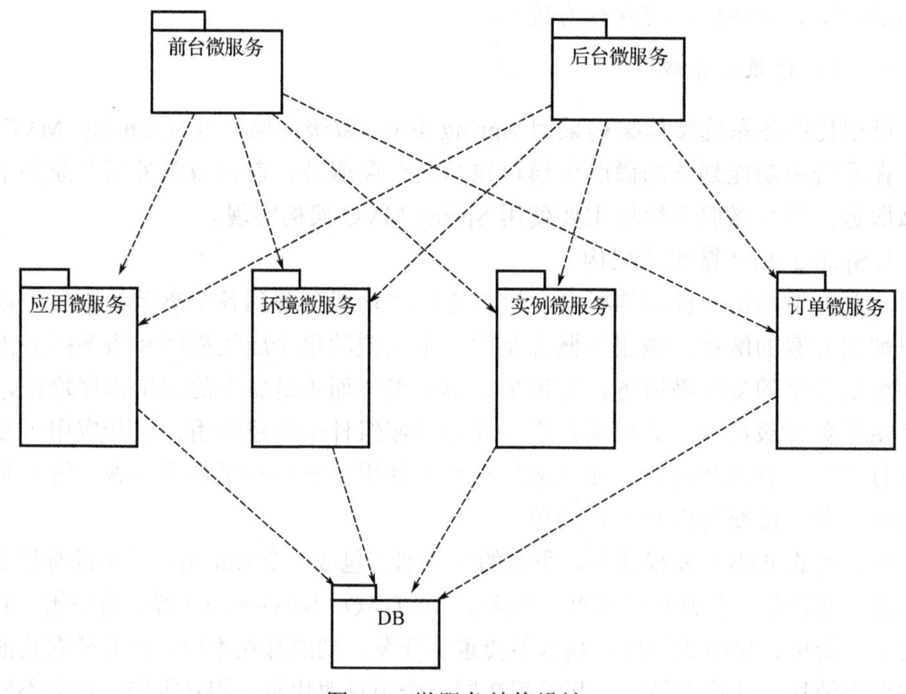

图 3-3　微服务结构设计

前台微服务模块主要提供 Web 服务，供用户在浏览器中进行操作，后台微服务模块主要是提供管理员的 Web 服务功能。应用微服务提供系统中应用的相关功能，如创建、编辑、上架、下架、删除应用等操作。实例微服务主要用于对实例进行操作，如创建实例，对实例进行启动、停止、关闭、卸载，查看详情，绑定外网服务等操作。环境微服务主要用于提供实例的运行环境资源，如 CPU、内存、硬盘资源，其相关操作主要有创建环境、申请环境资源以及对资源扩容等操作。订单微服务主要处理订单的相关操作，如应用购买订单、环境申请资源订单、开发者申请订单、应用上架审核订单等操作。各个微服务之间通过 API 实现相互之间的调用。

2) Spring MVC 架构

在每个微服务中，主要使用 MVC 架构实现功能开发。MVC 架构是用一种业务逻辑、数据、界面显示分离的方法组织代码，将业务逻辑聚集到一个部件里面，在改进和个性化定制界面及用户交互的同时，不需要重新编写业务逻辑。MVC 发展为用于映射传统的输入、处理和输出功能在一个逻辑的图形化用户界面的结构中。它把软件系统分为三个基本部分。

(1) 模型 (model)：负责存储系统的中心数据。

(2) 视图 (view)：将信息呈现给用户。

(3) 控制器 (controller)：处理用户输入的信息、从视图读取数据、控制用户输入并向模型发送数据，负责管理与用户交互控制。

Spring MVC 的详细流程如图 3-4 所示。

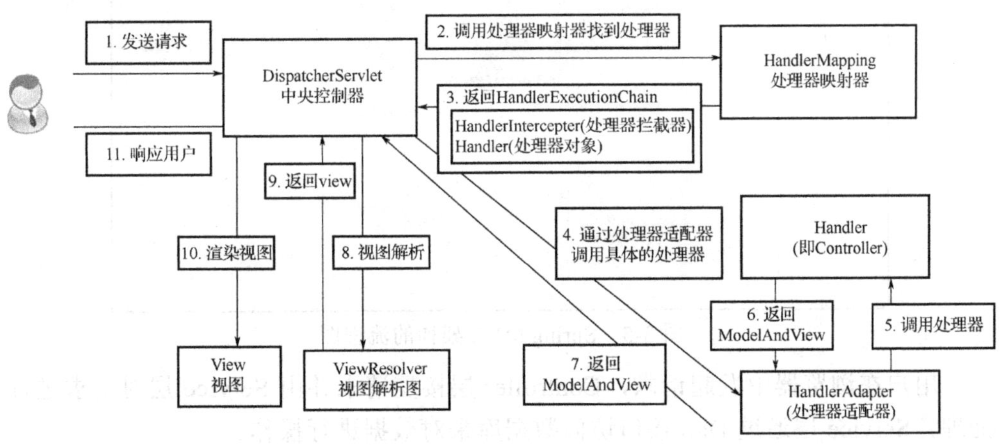

图 3-4　Spring MVC 的详细流程

Spring MVC 的流程说明如下。

(1) 用户发送请求至前端控制器 DispatcherServlet。

(2) 前端控制器 DispatcherServlet 收到请求后，调用处理器映射器 HandlerMapping。

(3) 处理器映射器 HandlerMapping 根据请求的 URL 找到具体的处理器，生成处理器对象 Handler 及处理器拦截器 HandlerIntercepter(如果有则生成)一并返回给前端控制器 DispatcherServlet。

(4) 前端控制器 DispatcherServlet 通过处理器适配器 HandlerAdapter 调用处理器 Controller。

(5) 处理器 Controller 执行完后返回 ModelAndView。

(6) 处理器映射器 HandlerAdapter 将处理器 Controller 执行返回的结果 ModelAndView 返回给前端控制器 DispatcherServlet。

(7) 前端控制器 DispatcherServlet 将 ModelAndView 传给视图解析器 ViewResolver。

(8) 视图解析器 ViewResolver 解析后返回具体的视图 View。

(9) 前端控制器 DispatcherServlet 对视图 View 进行渲染视图(即将模型数据填充至视图中)。

(10) 前端控制器 DispatcherServlet 响应用户。

企业驾驶舱系统使用 Spring MVC 架构，其大致流程如图 3-5 所示。

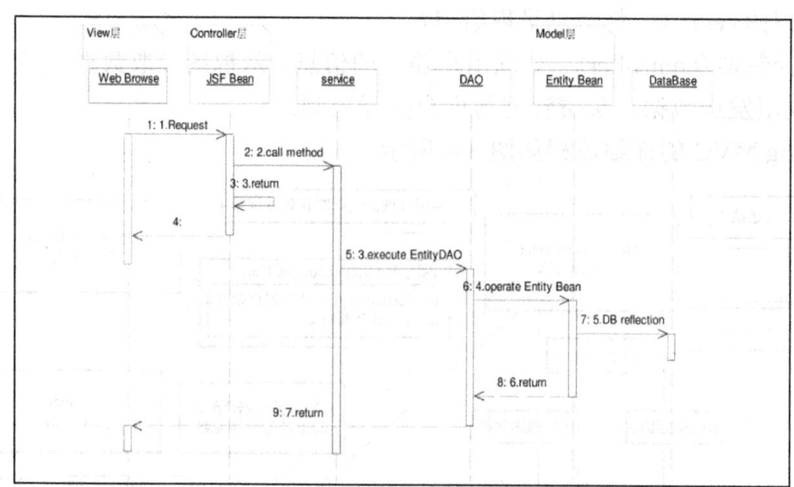

图 3-5　Spring MVC 架构的流程图

用户在浏览器中发起请求，Controller 层接受请求并由 Service 层对请求进行处理，Service 层通过 Dao 接口访问数据库来对数据进行操作。

3. 基于 Restful 接口规范的服务 API 接口设计

前端服务系统各个服务接口采用 Restful 接口风格，使用 Swagger 接口框架，并依次定义接口规范标准。

1) Restful 接口规范

Restful 架构是目前比较流行的一种互联网软件架构。它结构清晰、符合标准、易于理解、扩展方便，所以正得到越来越多网站的采用。

Rest 的全称为 Representational State Transfer，是 Roy Thomas Fielding 博士在他 2000 年的博士学位论文中提出的。他是 HTTP 协议(1.0 版和 1.1 版)的主要设计者、Apache 服务器软件的作者之一、Apache 基金会的第一任主席。他的这篇论文一经发表，就引起了关注，并且对互联网开发产生了深远的影响。

互联网通信协议——HTTP 协议是一个无状态协议。这意味着所有的状态都保存在服务器端。因此，如果客户端想要操作服务器，必须通过某种手段，让服务器端发生“状态转化”(state transfer)，而这种转化是建立在表现层之上的，所以又称为“表现层状态转化”。

客户端只能使用 HTTP/HTTPs 协议，具体来说，就是 HTTP 协议里面四个表示操作方式的动词：GET、POST、PUT、DELETE。它们分别对应四种基本操作：GET 用来获取资源，POST 用来新建资源(也可以用于更新资源)，PUT 用来更新资源，DELETE 用来删除资源。

在 Restful 架构下，接口设计遵循如下原则。

(1) 每一个 URI 代表一种资源。

(2) 客户端和服务器之间，传递某种资源的表达方式。

(3) 客户端通过四个 HTTP 动词，对服务器端资源进行操作，实现“表现层状态转化”。

(4) 业务中台服务层所有接口将遵循 Restful 框架的设计理念。

2) Swagger 框架

Swagger 是一个规范和完整的框架，用于生成、描述、调用和可视化 Restful 风格的 Web 服务，总体目标是使客户端和文件系统作为服务器以同样的速度更新。Swagger 让部署管理和使用功能强大的 API 变得非常简单。

Swagger 作为 RestAPIs 文档生产工具，提供下面四点功能。

(1) 可以生成一个具有互动性的 API 控制台，开发者可以用来快速学习和尝试 API。

(2) 可以生成客户端 SDK 代码用于各种不同的平台上的实现。

(3) Swagger 文件可以在许多不同的平台上从代码注释中自动生成。

(4) 有一个强大的社区，里面有许多强悍的贡献者。

Swagger 文档使我们可以用指定的 JSON 或者 YAML 摘要来描述你的 API 信息，包括 names、order 等，可以通过一个文本编辑器来编辑 Swagger 文件，也可以从代码注释中自动生成。

Swagger 提供四个功能组件，帮助用户生成、管理 RestfulAPIs 文档。

(1) Swagger spec 提供 RestfulAPIs 描述语言。

(2) Swagger editor 是一个在线编辑器，用于验证 YML 格式的内容是否违反 Swagger spec。Swagger 编辑器会标出错误格式并且给出格式提醒。

(3) Swagger-UI 是一套 HTML/CSS/JS 框架，用于解析遵守 Swagger spec 的 JSON 或 YAML 文件，并且生成 API 文档的 UI 导航。它可以将规格文档转换成 Swagger Petsotre-like UI 文件。

(4) Swagger-codegen 可以为不同的平台生成客户端 SDK(如 Java、JavaScript、Python 等)。这些客户端代码帮助开发者在一个规范平台中整合 API，并且提供了更多健壮的实现方式，包含了多线程和其他重要的代码。SDK 是用于支持开发者使用 Rest API 的工具。

业务中台服务层的 API 采用 RestfulAPIs 对外提供服务，采用 Swagger 框架工具生成 API 文档，显著降低了程序员文档维护成本，同时提高接入端接入效率。

3.2.2 大数据系统技术

产品接入企业大量行为、交易数据，需要充分挖掘海量企业与用户的行为、交易数据。引入大数据技术，利用大数据海量存储能力、复杂计算能力以及准实时处理能力，从而实现企业驾驶舱产品定位。大数据系统技术框架如图 3-6 所示。

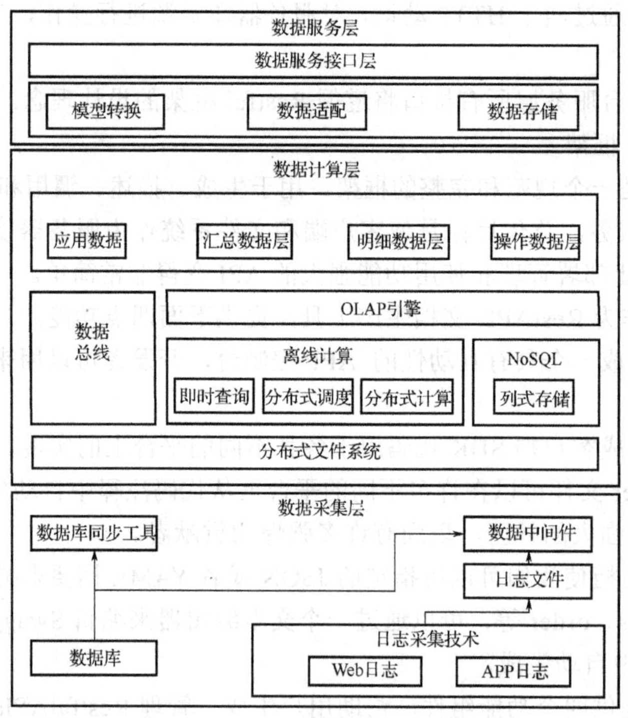

图 3-6　大数据系统技术框架

大数据系统分为三层结构：第一层为数据采集层，采集来自数据库、Web 前端等业务、行为日志数据；第二层为数据计算层，由分布式文件系统、数据总线、离线计算引擎、列式存储、OLAP 引擎和数据仓库建设模型工具组成；第三层为数据服务层，由数据服务接口、模型转换、数据存储、数据适配组成。

1. 数据采集系统

数据采集系统采用前端探针，后台日志获取的方式，以 ELK 技术为解决方案，支撑数据实时采集查询。

1）前端日志采集

前端 H5 网页采用 js 埋码方式采集日志，具体方法如下。

在页尾(</body>标签之前)增加统计代码：

```
<div style="display:none;">
<script src="https://s95.cnzz.com/z_stat.php?id=1260923910&web_id=1260923910" language="JavaScript">
</script>
</div>
<script type="text/javascript" src="https://stat.htres.cn/log.js?appid=ydyygzs&ds=h5">
</script>
```

如果用户登录了，还需要在统计代码前将用户 ID 和企业 ID 赋值：

```
window.HT_UID = userId;          //用户 ID
window.HT_OID = orgId;           //企业 ID
```

2）业务数据采集

业务数据通过 Excel 表格定义业务模型、转换模型、分析模型，最后将 Excel 文件导入数据仓库。

业务数据从主数据库导入从数据库中，再通过大数据同步工具 Sqoop 批量导入数据仓库中。

3）后端日志采集

后端日志采集系统基于 ELK 方案实现，系统整体架构设计如图 3-7 所示。

ELK 是 Elasticsearch、Logstash、Kibana 的简称，这三者是核心套件，但并非全部。

Elasticsearch 是实时全文搜索和分析引擎，提供搜集、分析、存储数据三大功能；是一套开放 Rest 和 Java API 等结构提供的高效搜索功能，可扩展的分布式系统。它构建于 Apache Lucene 搜索引擎库之上。

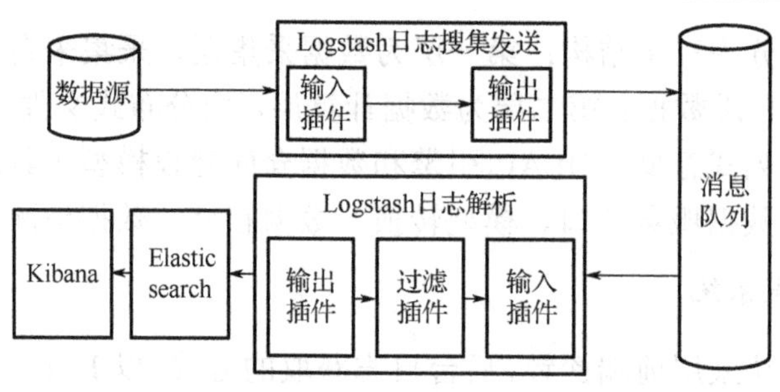

图 3-7　系统整体架构

Logstash 是一个用来搜集、分析、过滤日志的工具。它支持几乎任何类型的日志，包括系统日志、错误日志和自定义应用程序日志。它可以从许多来源接收日志，这些来源包括 syslog、消息传递(如 RabbitMQ)和 JMX。它能够以多种方式输出数据，包括电子邮件、Websockets 和 Elasticsearch。

Kibana 是一个基于 Web 的图形界面，用于搜索、分析和可视化存储在 Elasticsearch 指标中的日志数据。它利用 Elasticsearch 的 Rest 接口来检索数据，不仅允许用户创建他们自己的数据定制仪表板视图，还允许他们以特殊的方式查询和过滤数据。

ELK 运行于分布式系统之上，通过搜集、过滤、传输、储存，对海量系统和组件日志进行集中管理和准实时搜索、分析，使用搜索、监控、事件消息和报表等简单易用的功能，帮助运维人员进行线上业务的实时监控，业务异常时及时定位原因、排除故障，程序研发时跟踪分析故障、业务趋势分析、安全与合规审计，深度挖掘日志的大数据价值。同时 Elasticsearch 提供多种 API 供用户扩展开发。

日志采集技术如下。

Logstash 是开源的服务器端数据处理管道，能够同时从多个来源采集数据、转换数据，然后将数据发送到线上的存储系统中。数据往往以各种各样的形式，或分散或集中地存在于很多系统中。Logstash 支持多种输入选择，可以在同一时间从众多常用来源捕捉事件，能够以连续的流式传输方式，轻松地从日志、指标、Web 应用、数据存储以及各种服务中采集数据。数据传输到存储系统的过程中，Logstash 过滤器能够解析各个事件，识别已命名的字段以构建结构，并将它们转换成通用格式，以便更轻松、更快速地实现商业价值。

Logstash 能够动态地转换和解析数据，不受格式或复杂度的影响，提供众多输出选择，可以将数据发送到指定的地方，并且能够灵活地解锁众多下游用例。采用可插拔框架，拥有 200 多个插件，可以将不同的输入选择、过滤器和输出选择混合搭配、精心安排，让它们在系统中和谐地运行。

2. 数据计算系统

数据计算系统由数据构建系统、离线计算系统两个子系统组成。

1)数据构建系统

数据构建系统主要有数据应用层、数据汇总层、数据明细层、数据操作层组成。

(1)数据操作层：实现来自各数据孤岛数据同步、结构化、累积历史数据、数据清洗等技术功能。

(2)数据明细层：实现数据明细宽表的建设，采取维度模型方法和维度退化手段，减少事实和维度表关联，达到明细层易用性。

(3)数据汇总层：建设公共指标数据层，采用更多的维度退化手段，建立更多的宽表，提升公共指标的复用性，减少重复的数据加工。

(4)数据应用层：建设数据产品个性化的统计指标数据。基于数据汇总层、数据明细层构建个性化、复杂的产品指标。

2)离线计算系统

离线计算系统由 Kylin、Hive、Mapreduce、Hbase、Hdfs 等核心部件搭建组成。大数据分布式处理架构采用 Hadoop 体系的 Yarn、MapReduce 分布式计算引擎，Hdfs 分布式存储框架。

基于 Hadoop 的搭建的 Hive 实现数据仓库功能，基于 Hive 实现存放数据模型和进行离线计算分析。

Kylin 作为 OLAP 引擎，可以提供预计算、结果缓存、Hbase 列式数据库等功能，提高大数据实时分析查询能力，使大数据分析简单迅速，查询响应速度提高到秒级甚至亚秒级。

(1)大数据分布式处理框架 Hadoop。Hadoop是一个大数据分布式处理软件框架。用户可以在不了解分布式底层细节的情况下，以一种可靠、高效、可伸缩的方式进行数据处理。充分利用集群的威力进行高速运算和存储，它解决了大数据存储和大数据分析两大问题。Hadoop 的核心如下。

①分布式文件系统(Hadoop Distributed File System，HDFS)存储 Hadoop 集群中所有存储节点上的文件。

②资源管理调度系统(Yet Another Resource Negotiator，YARN)负责任务分配和集群资源管理。

③分布式运算框架(MapReduce)，包含 Map(映射)和 Reduce(归约)过程，负责在 HDFS 上进行计算。

Hadoop 是一个能够让用户轻松架构和使用的分布式计算平台。用户可以轻松地在 Hadoop 上运行处理海量数据的应用程序。其优点主要有以下几个。

①高可靠性。Hadoop 按位存储和处理数据的能力值得人们信赖。

②高扩展性。Hadoop 是在可用的计算机集簇间分配数据并完成计算任务，这些集簇可以方便地扩展到数以千计的节点中。

③高效性。Hadoop 能够在节点之间动态地移动数据，并保证各个节点的动态平衡，因此处理速度非常快。

④高容错性。Hadoop 能够自动保存数据的多个副本，并且能够自动将失败的任务重新分配。

⑤低成本。与一体机、商用数据仓库以及 QlikView、Yonghong Z-Suite 等数据集市相比，Hadoop 是开源的，项目的软件成本因此会显著降低。

Hadoop 能够在大数据处理应用中广泛应用得益于其自身在数据提取、变形和加载(ETL)方面上的天然优势。Hadoop 的分布式架构将大数据处理引擎尽可能地靠近存储，对如 ETL 这样的批处理操作相对合适，因为类似这样操作的批处理结果可以直接走向存储。Hadoop 的 MapReduce 功能实现了将单个任务打碎，并将碎片任务(Map)发送到多个节点上，之后再以单个数据集的形式加载(Reduce)到数据仓库。

(2)数据仓库 Hive。Hive 是基于 Hadoop 构建的一套数据仓库分析系统，它提供了丰富的 SQL 查询方式来分析存储在 Hadoop 分布式文件系统中的数据。可以将结构化的数据文件映射为一张数据库表，并提供完整的 SQL 查询功能；可以将 SQL 语句转换为 MapReduce 任务运行，通过自己的 SQL 查询分析需要的内容，这套 SQL 简称 Hive SQL，使不熟悉 MapReduce 的用户可以很方便地利用 SQL 语言查询、汇总和分析数据。而 MapReduce 开发人员可以把自己写的 Mapper 和 Reducer 作为插件来支持 Hive 做更复杂的数据分析。它与关系型数据库的 SQL 略有不同，但支持了绝大多数的语句，如 DDL、DML 以及常见的聚合函数、连接查询、条件查询。它还提供了一系列的工具进行数据提取转化加载，用来存储、查询和分析存储在 Hadoop 中的大规模数据集，并支持 UDF(user-defined function)、UDAF(user-defnes aggregate function)和 USTF(user-defined table-generating function)，也可以实现对 Map 和 Reduce 函数的订制，为数据操作提供了良好的伸缩性和可扩展性。

Hive 具有可伸缩(在 Hadoop 的集群上动态添加设备)、可扩展、容错、输入格式的松散耦合等特点，由用户接口、元数据存储、解释器、编译器、优化器、执行器六个部分构成。

Hive 作为基于 Hadoop 的一个数据仓库工具，可以将结构化的数据文件映射为一张数据库表，并提供类 SQL 查询功能，提供快速开发的能力并减少开发人员的学习成本，为使用 Hadoop 的大数据存储和计算能力提供了方便。

(3) OLAP 计算引擎。OLAP 计算引擎采用 Kylin 方案，Kylin 的出现就是为了解决大数据系统中 TB 级别数据的数据分析需求。它提供 Hadoop/Spark 之上的 SQL 查询接口及多维分析(OLAP) 能力以支持超大规模数据，它能在亚秒级内查询巨大的 Hive 表。Kylin 的核心思想是预计算，理论基础是以空间换时间，即多维分析可能用到的度量进行预计算，将计算好的结果保存成 Cube 并存储到 HBase 中供查询时直接访问。

Kylin 的主要优势有以下几点。

①可扩展超快 OLAP 引擎。Kylin 是为减少在 Hadoop/Spark 上百亿规模数据查询延迟而设计。

②Hadoop ANSI SQL 接口。Kylin 为 Hadoop 提供标准 SQL 支持大部分查询功能。

③交互式查询能力。通过 Kylin，用户可以与 Hadoop 数据进行亚秒级交互，在同样的数据集上提供比 Hive 更好的性能。

④多维立方体(MOLAP cube)。用户能够在 Kylin 里为百亿以上数据集定义数据模型并构建立方体。

⑤与 BI 工具无缝整合。Kylin 提供与 BI 工具的整合能力，如 Tableau、PowerBI/Excel、MSTR、QlikSense、Hue 和 SuperSet。

Kylin 同时具备 Job 管理与监控、压缩与编码、增量更新、友好的 Web 界面、项目及表级别的访问控制安全、支持 LDAP 和 SSO 等特性。

其分布式文件系统采用开源 HDFS 方案，HDFS 是 Hadoop 平台的一个分布式文件存储系统，它是 Hadoop 系列产品的数据存放基础，基于 Hadoop 框架的 Hive 和 HBase 数据库，其数据都是存储在 HDFS 上。Hive 数据仓库在离线计算统计中已经介绍；HBase 是基于列的而不是基于行的数据库，适合于非结构化数据存储，其架构和底层的数据结构决定其能提供实时计算服务，保证了数据的实时响应。HBase 也是 Kylin 存放预计算结果的分布式存储系统。

(4) 文件系统。HDFS 分布式文件系统是指被设计成适合运行在通用硬件(commodity hardware) 上的分布式文件系统(distributed file system)。它和现有的分布式文件系统有很多共同点，但同时它和其他的分布式文件系统的区别也是很明显的。HDFS 是一个高度容错性的系统，适合部署在廉价的机器上。HDFS 能提供高吞吐量的数据访问，非常适合在大规模数据集上的应用。

HDFS 采用了主/从(master/slave) 结构模型，一个 HDFS 集群是由一个 NameNode 和若干个 DataNode 组成的。其中 NameNode 作为主服务器，管理文件系统的命名空间和客户端对文件的访问操作；集群中的 DataNode 管理存储的数据。HDFS 内部机制是将一个文件分割成一个或多个块，这些块被存储在一组数据节点中。名字节点用来操作文件命名空间的文件或目录操作，如打开、关闭、重命名等，同时确定块与数据节点的映射。数据节点负责来自文件系统客户的读写请求。数据节点同时还要执行块的创建、删除和来自名字节点的块复制指令。

因此，HDFS 非常适合做大数据存储的文件系统，同时 HDFS 作为 Hadoop 大数据分布式处理软件框架的文件系统实现，为 Hadoop 分布式计算平台提供数据存储支持。

(5) 列存数据库。HBase 是一个高可靠性、高性能、面向列、可伸缩、实时读写的分布式数据库， 利用 Hadoop HDFS 作为其文件存储系统，利用 Hadoop MapReduce 来处理 HBase 中的海量数据。HBase 不同于一般的关系数据库，它是一个适合于非结构化数据存储的数据库，是基于列的而不是基于行的模式。

HBase 具备如下特点。

①海量存储。HBase 适合存储 PB 级别的海量数据，在 PB 级别的数据以及采用廉价 PC 存储的情况下，能在几十到几百毫秒内返回数据。这与 HBase 的极易扩展性息息相关，正是因为 HBase 良好的扩展性，才为海量数据的存储提供了便利。

②列式存储。这里的列式存储其实说的是列族存储，HBase 是根据列族来存储数据的。列族下面可以有非常多的列，列族在创建表的时候就必须指定。

③极易扩展。HBase 的扩展性主要体现在两个方面：一个是基于上层处理能力 (RegionServer) 的扩展；另一个是基于存储的扩展 (HDFS)。通过横向添加 RegionSever 的机器进行水平扩展，提升 HBase 上层的处理能力。

④高并发。由于目前大部分使用 HBase 的架构，都是采用廉价的 PC，因此单个 I/O 的延迟其实并不小，一般在几十到上百毫秒之间。这里说的高并发主要是在并发的情况下，HBase 的单个 I/O 延迟下降并不多，能获得高并发、低延迟的服务。

⑤稀疏。稀疏主要是针对 HBase 列的灵活性，在列族中可以指定任意多的列，在列数据为空的情况下是不会占用存储空间的。

HBase 的架构和底层的数据结构决定它能提供实时计算服务，适用于持久化存储大量数据 (TB、PB) 同时能快速响应对数据的操作。

3. 数据服务系统

开发人员基于 Spring Boot 框架在应用驾驶舱数据服务层开发了一系列接口，用于对接前端应用服务。

1) 数据服务接口层

数据服务接口层主要包括用户登录、用户权限验证与管理和统计分析功能三个模块。

(1)用户登录模块负责用户登录、登出和会话管理。

(2)用户权限验证与管理模块用于获取用户权限、管理授权用户和管理用户可访问的页面及应用。

(3)统计分析功能模块提供众多关于不同应用的流量统计分析项目，主要分为网站概况、流量分析、受访分析、访客分析和新老访客等子模块，以及相应的指标计算接口，可以以时间粒度、地区、数据对比和变化趋势等维度对数据进行分析，除了能向前端返回数据之外，还提供数据下载功能。这些数据服务层的接口支撑起了企业驾驶舱的主要功能，为分析用户使用情况提供帮助。

2)数据服务扩展模块

数据服务层针对前后端的对接任务还增加了一些用于后续扩展的接口模块，包含模型转换、数据适配和数据存储。这三种模块使得数据服务层具备相当程度的可扩展性，为后续根据客户需求订制功能提供了可能性。

(1)模型转换通过将基础指标抽象为与平台信息无关的模型，再根据订制化需求将抽象模型转化为订制模型，并借此实现客户自定义指标的快速开发。

(2)数据适配是开发人员在构建数据服务层的过程中制定的通用数据结构规范，这种数据结构规范可以适配不同的功能需求。

(3)数据存储是通过自动化脚本与数据库配合，实现一些扩展功能的自动化配置与启动。

第 4 章 业务模型

企业驾驶舱主要包括五个基础版块，在此基础上，可以根据用户个性化的需求，提供更高级的定制化服务，如智能化产品管理、企业定制化、移动端业务等。

企业驾驶舱五大基础版块如下。

(1) 客户/市场：分析客户及市场情况，反映市场信息。

(2) 计划/供应：监控企业计划资源分配与执行。

(3) 生产/质量：探查企业的生产制造、质量管理情况。

(4) 能源/能耗：分析企业的能耗状况和耗能设备运行状况。

(5) 财务/人力：分析企业的财务成本、人力资源、组织变动等运营状况。

4.1 业务架构

企业驾驶舱以企业运营管理为核心设计思想，对覆盖产品(服务)价值链的业务流程进行全面的计划、组织、协调，实现对业务的监控、处理和控制。图 4-1 所示为企业驾驶舱架构图。

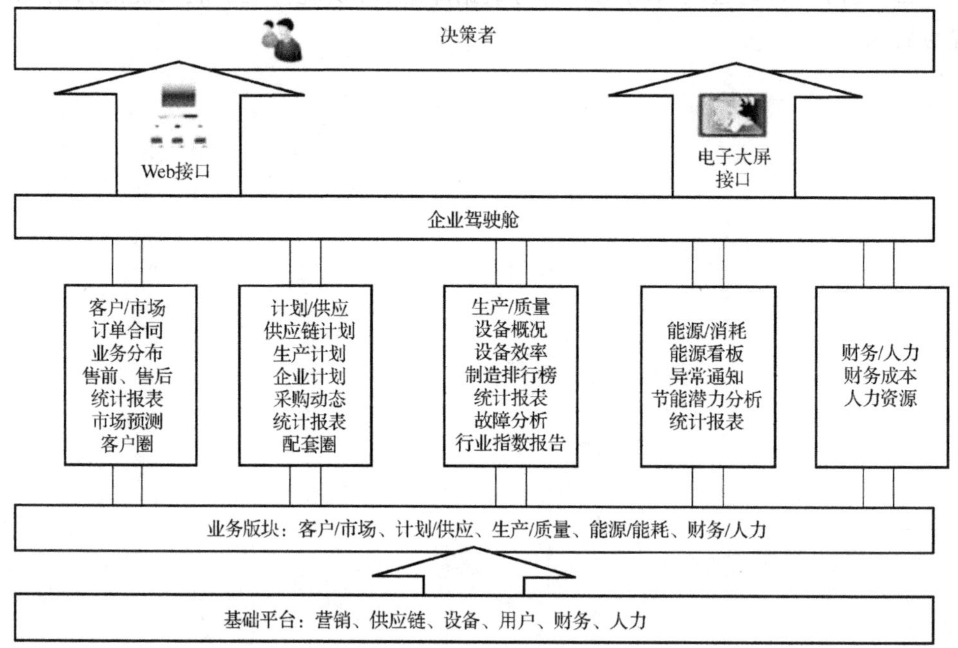

图 4-1 企业驾驶舱架构图

企业驾驶舱针对企业运营管理的特点，强调对企业基础数据、基本业务流程、战略规划、决策预案、重点项目、知识工程等管理，通过丰富的工具与方法，有机整合并提供贯穿运营全过程所需的决策信息，实时监控企业战略执行过程中的问题，帮助企业创造持续增长的核心竞争力。

4.1.1 基础平台

企业驾驶舱的核心数据来源，主要包括营销数据、供应链数据、设备数据、用户数据、财务审计数据、人力资源数据等。数据获取途径包括公开途径采集、企业自行录入、企业业务系统及应用系统提供。各数据能生成 doc/docx、pdf、xls/xlsx 等格式文件，供其他系统使用。

4.1.2 业务版块

基础平台的数据支撑了企业驾驶舱所涉及的业务版块。根据基础平台的上述设置，能够支持客户/市场、计划/供应、生产/质量、能源/能耗、财务/人力五大基础版块。

4.2 五大基础业务版块

4.2.1 客户/市场业务版块

数据来源规划：数据的核心是市场营销数据，这是目前从企业用户那里比较容易获取的数据之一。该数据主要来源于 INDICS 平台积累的客户数据，以及从公开渠道获取的数据、与客户业务系统对接获得的数据、云端业务工作室的数据等，主要包括：销售计划、销售额、客户、渠道、品牌、竞争对手数据等。客户/市场业务版块未来需要市场部门、销售部门、规划部门等提供更多的数据和生成报表支撑。

应用场景：帮助企业了解客户的详细需求、对竞争对手有效监测、掌握品牌推广情况、改善用户体验等；帮助企业经营层、决策层非常方便地获取所管辖各级企业的市场营销情况，并做出快速决策。

结合业务实际和目前的产品技术开发情况，可以给企业提供以下客户/市场业务版块功能设计见表 4-1。

表 4-1 客户/市场业务版块功能设计

子业务	功能设计
订单合同	成交额、订单数、合同数、订单额、合同额、完成数、同比/环比数据、成交区域排行、成交品类、成交品牌排行

续表

子业务	功能设计
业务分布	相当于企业自身的业务战略地图，可以了解实时分支机构分布情况、业务量分布情况，便于迅速做出业务决策
售前售后	售前重点跟进项目、售后服务网点分布
统计报表	产品销售订单分析报告
市场预测	当年月度销售情况分析
客户圈	订单列表、需求推荐等(区分能力、商品)

4.2.2 计划/供应业务版块

数据来源规划：计划/供应业务版块的通过获取 INDICS 平台用户后台的需求发布数据、成交数据、企业经营计划等信息，以及企业主动接入和提交的规划数据、供应链数据、生成报表等，包括与客户业务系统对接获得的数据、云端业务工作室、云端应用工作室的数据等，未来也会得到企业大脑的分析决策数据的支撑。

应用场景：可以帮助企业以模型、图表等形式对企业经营现状、企业资源计划进行全方位分析，目的是为企业经营管理层调配生产、采购资源提供数据支撑；方便企业经营管理层获取所管辖各级企业的资源情况，可以从总体报表下钻到各层级、各单元、各类目的报表，真正实现对企业管理的掌控；既可以通过 Web 端、大屏等查看数据，也可以设置手机短信接收指标数据或邮件订阅报表。数据可以设置预警阈值，当指标达到预警阈值时，可以在屏幕显示，或者以短信方式自动发送指标信息至手机上，也可以将指标以邮件方式发送至指定的邮箱。

计划/供应业务版块功能设计见表 4-2。

表 4-2 计划/供应业务版块功能设计

子业务	功能设计
供应链计划	需求发布、需求成交数、需求成交额、对外成交总额(以上数据信息需要区分能力、商品)
生产计划	计划跟踪(含项目管理)、IDD(库存元天)、TDD(有效产出元天)、准交率
企业计划	企业总体目标、年度目标、季度目标、月度目标
采购动态	供应商性质(合格供方、临时供方)、供货类别等、供应商数量、采购总金额、供应商分布、采购金额、采购比重、存货分析
统计报表	库存预测及统计报表
配套圈	订单列表、供应商推荐、产品推进(区分能力、商品)

4.2.3 生产/质量业务版块

数据来源规划：生产/质量业务版块所涉及的数据主要通过智能化改造以物联

网的方式从接入企业、接入设备获取，并可接入指数报告。该版块主要数据包括：接入设备数量、接入网关数量、分布区域、待机率、故障率、运行率等数据，以及设备城市分布排行榜、厂房工时排行榜、设备工时排行榜、设备开机有效使用率排行榜等。未来会进一步完善对所有关键设备的管理，包括从传感器、物联网芯片、设备终端、操作系统等获取生产制造运行数据。

应用场景：生产/质量业务版块可以帮助企业更全面深入地了解自身的制造能力、设备使用情况、制造质量，为企业业务赋能、帮助企业业务升级，成为开发深度应用的基础。

生产/质量业务版块功能设计详见表 4-3。

表 4-3 生产/质量业务版块功能设计

子业务	功能设计
设备概况	设备总数、设备资产、采集点总数、数据点总数、分布区域、设备接入类型
设备效率	设备开机率、有效使用率、运行率、故障率
设备维护	设备寿命、备件寿命预测、设备保养计划、记录
制造排行榜	设备城市分布排行榜、厂房工时排行榜、设备工时排行榜、设备开机有效使用率排行榜
质量分析	不合格品日报、月报、年报(环比、同比)，质量成本、质量有效对策比等
统计报表	行业指数报告
故障分析	故障时长、故障率

4.2.4 能源/能耗业务版块

数据来源规划：能源/能耗业务版块获取的数据主要来源于能耗设备、生产线、电表等装置和设施。通过传感器、定位装置、接收器等物联网设备对供配电、给排水、动力和环保等相关能源子系统进行数据采集和监测。

应用场景：能源/能耗业务版块提供针对工业企业的综合能源管理解决方案，对工业企业生产中用到的各种能源进行统一管理、统一分析，并对工业企业中的重点能耗设备进行管理控制和对标分析，有助于企业提高能源管理的水平，深入了解企业用能的细节，降低企业能耗。

能源/能耗业务版块提供各维度能源信息，为进一步实施节能工程提供数据支撑及科学、智能管理，提高效率，降低损耗，实现经营成本最优化，实现持续节能，帮助企业提高能源管理水平。

能源/能耗业务版块功能设计详见表 4-4。

表 4-4 能源/能耗业务版块功能设计

子业务	功能设计
能源看板	根据用户权限，提供不同简报内容，包括企业能源系统图、生产综合能耗、非生产综合能耗等

续表

子业务	功能设计
异常通知	可在能耗及能效发生异常、参数越限或设备状态变化时，进行声光报警或通过 E-mail、手机短信等方式通知相关用户
节能潜力分析	统计企业能耗情况并与国家标准、行业标准进行对比，有助于查找异常点，判断能耗变化趋势及原因
统计报表	能源管理综合统计报告

4.2.5 财务/人力业务版块

数据来源规划：财务/人力业务版块的数据主要来源于企业主动输入，以及与财务系统、人力资源系统的对接获取，还包括从云端业务工作室获取的数据等。

应用场景：企业资金资源、人力资源是支持企业生产得以正常运转、企业资源配置得以顺利进行、客户及市场拓展得以快速进行的基础，所以财务/人力业务版块是五大版块的根本基石和力量源泉。根据财务信息和人力信息，可以了解和规避企业的潜在风险。

财务数据、成本数据、离职情况等可以设置预警阈值，当指标达到预警阈值，可以在屏幕显示，或者以短信方式自动发送指标信息至相关人员手机上，也可以将指标以邮件方式发送至指定的邮箱。

工资产出比/全员劳动生产率监测模块应用场景分析：通过确定规划期末全员劳动生产率相对于期初值的倍数，设定完成时间段，根据人均工资、从业人员平均人数、产值增加值等指标，进行定期汇总、分析、监测，保证预期目标完成。

财务/人力业务版块功能设计详见表 4-5。

表 4-5 财务/人力业务版块功能设计

子业务	功能设计
财务成本	净利润、资产负债表、固定资产周转率、销售利润率、销售费用率、存货周转率
人力资源	人员结构、性别结构、年龄结构、职称情况、学历情况、人员变动趋势、工资产出比/全员劳动生产率监测模块
工资产出比	企业增加值分析、工资产出比分析、人均工资分析、指标趋势分析等

4.3 智能化产品管理

企业驾驶舱除五大基础功能版块外，还有帮助管理者更方便地查看数据的功能，包括公告通知子业务、指挥联系子业务等。这些需求很基础，也很重要，对产品的易用性和管理智能化都会有很大的提升，具体如下。

4.3.1 公告通知子业务

应用场景：该功能是为了建立统一的集团信息门户，为企业信息发布提供一个有效的场所，实现企业内部的各种信息(公告通知、文件、函件新闻资讯、内部期刊、管理制度等)的统一管理和发布，加强经营管理层对企业信息的获取能力，其功能分类见表4-6。

表 4-6 公告通知功能分类

功能	描述
企业公告	集团/部门级公文及通知信息有效传达，同时可以归档备查
制度文件	集团/部门级规章制度信息及修订发布
新闻信息	集团内部或外部新闻资讯信息发布，丰富企业文化
民意调查	针对集团组织的活动或某项决定调查员工的想法
知识订阅	根据权限获取他人共享的知识文档

4.3.2 事件处理子业务

应用场景：该功能是为了给企业经营管理层的个人办公提供个性化服务、贴身秘书般的服务，起到及时提醒、方便安排、密切跟进重要事务的作用，其功能分类见表 4-7。

表 4-7 事件处理功能分类

功能	描述
事务信息	日常事务的提醒、督促、跟踪、反馈
日程信息	日常办公行程计划的管理及发布

4.3.3 指挥联系子业务

应用场景：企业运行支持系统在指挥联系方面打通全级次。通过直达现场的指挥和覆盖所有单元的联系方式，提高工作效率，可以高效合理地调度配置企业资源，进一步落实目标责任制，把资源精准落实到项目及一线员工，提高资源调配效率和指向性。

指挥联系功能分类示意图如图 4-2 所示。

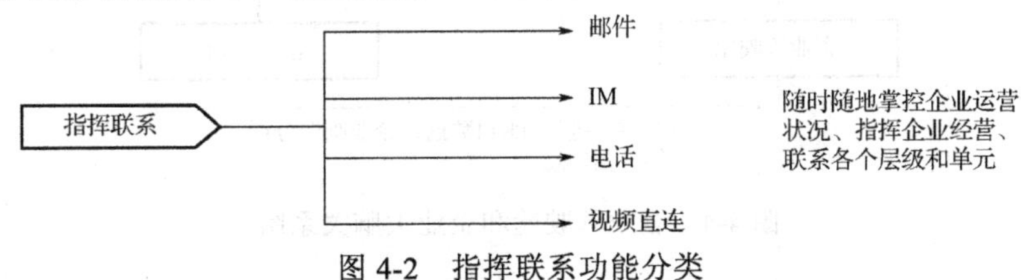

图 4-2 指挥联系功能分类

4.3.4 辅助决策支持子业务

应用场景：该功能提供企业各层次的战略规划、市场规划，以及战略管理地图、风险指标预警、关键业务分析、战略分析、重要指标监控、综合经济信息、动态经营分析等方面的数据信息综合展示服务。其中，指标预警功能通过各版块采集的数据和已定的预警值进行比较，对问题数据进行及时预警，对及时做出战略规划有重要意义。指标预警功能展示如图 4-3 的所示。

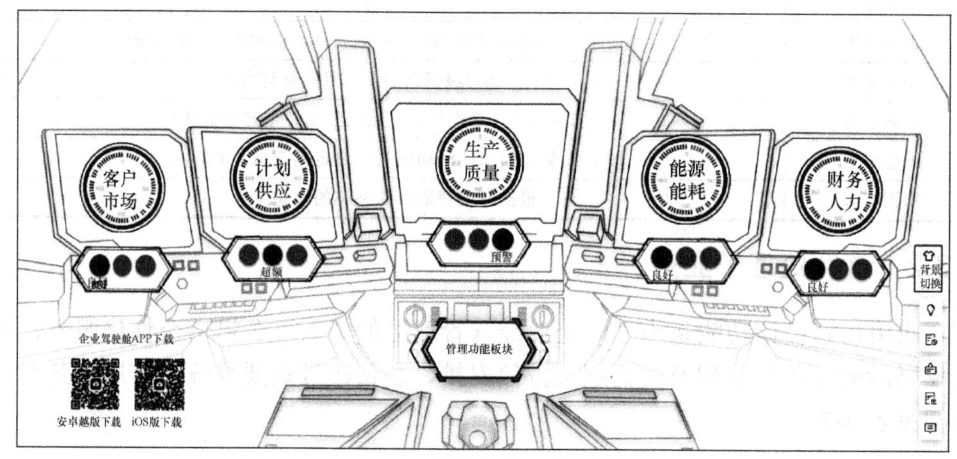

图 4-3　指标预警功能展示

辅助决策支持子业务版块的数据需要以业务功能版块为核心的其他功能模块的支持以外，还得到云端业务工作室、云端应用工作室、企业业务应用系统和线下企业管理集成数据等支持，并向上支持企业大脑，同时还与企业大脑对接，从企业大脑中获取决策分析支持，并将企业大脑的输入信息进行汇总后综合展示。形成由企业大脑完成企业战略决策服务，由企业运行支持系统完成企业经营层的管理及辅助决策支持服务，并形成“一脑一舱两室两站一淘金”的全领域决策支持能力。企业运行支持系统成为辅助管理决策层的经营数据展示中心、辅助决策支持中心、管理服务中心。企业驾驶舱和企业大脑的关系如图 4-4 所示。

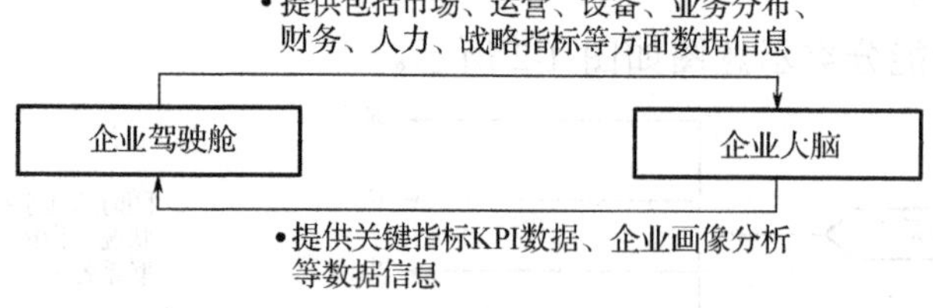

图 4-4　企业驾驶舱和企业大脑关系图

4.3.5 其他附加功能

1. 权限控制功能

由企业管理员账号对本公司的员工账号进行角色分配，角色不同看到的企业运行支持系统的页面范围也不同。

2. 通知、提醒、报警等功能

用户可设置重点监控指标，当数据出现异常等可以通知、提醒、报警等形式通报到用户，用户可自己设置监控范围，如图 4-5 所示。

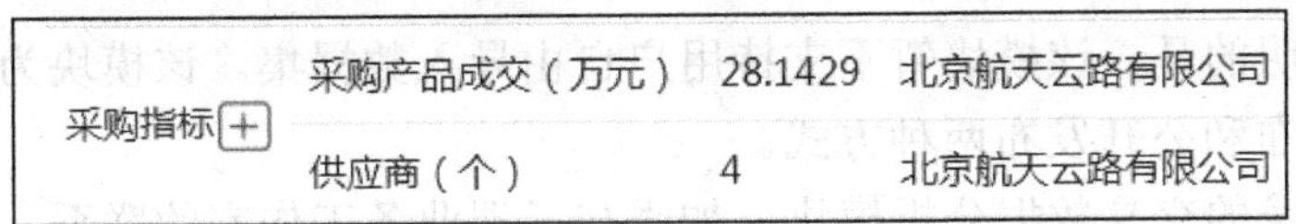

图 4-5 设置监控范围页面

3. 报告推送功能

支持报告推送到邮箱等。例如，宣传广告推送：可通过滚动展示和置顶等方式展示企业驾驶舱用户的使用情况，逐渐形成企业驾驶舱的用户生态，以吸引更多用户使用企业驾驶舱。通过置顶等服务对公开发布的报告进行收费展示，以加大用户广告的曝光率。

4.4 企业定制化功能业务

企业驾驶舱还有一些定制化的功能，这些功能不具备中小企业的普遍适用性，只有部分或个别企业对此有需求，但是对需求企业本身的帮助非常大，这类需求在企业驾驶舱中统一称为企业定制化功能。企业定制化功能包括自助式分析模块、定制化需求模式等。

4.4.1 自助式分析模块

该模块为用户提供与业务相关的所有原始数据字段，主要以需求发布数据集、采购数据集、销售数据集、云端营销数据集等作为数据源。在此基础上为用户提供类似 Tableau 或永洪软件的分析界面用于制作并保存分析看板。基于通用数据的自助式布置方式如图 4-6 所示。

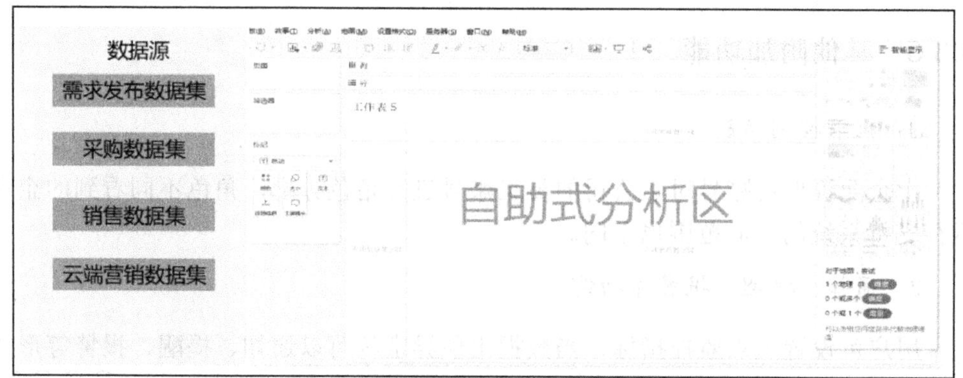

图 4-6　基于通用数据的自助式布置方式

需要说明的是，该模块暂不支持用户自由导入数据集。该模块为免费，且分为公司内发布和公开发布两种方式。

对已开发的交易数据分析模块，加强与云端业务工作室的联系。在企业运行支持系统和云端业务工作室之间添加跳转链接等，支持从企业驾驶舱看到汇总数据，可跳转到云端业务工作室查看具体业务。

4.4.2　定制化需求落地模式

由数据分析团队或运营人员制作分析看板，并提供给经理层。

1. 线上私人定制企业驾驶舱看板一次性建设

根据用户提出的个性化需求为用户开发企业驾驶舱看板，主要服务包括加入用户的数据源，制作企业驾驶舱看板。私人定制模式如图 4-7 所示。

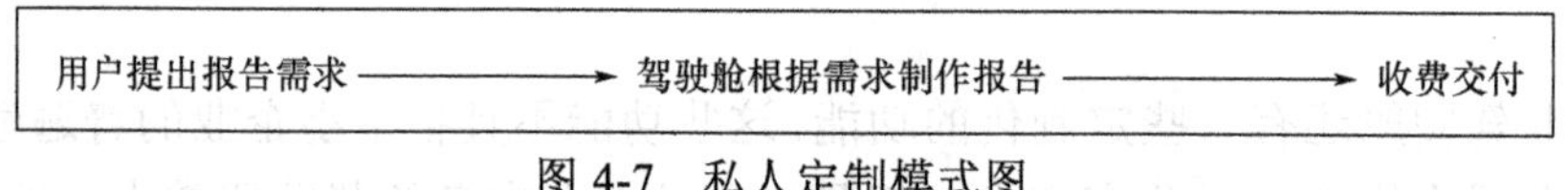

图 4-7　私人定制模式图

2. 基于对接数据的自助式分析

数据来源：用户私有数据。

展示方式：私有或公开的个性化指标。

应用场景：INDICS 平台通用数据已经无法满足用户需求，用户希望分析更多数据。自助式分析如图 4-8 所示。

3. 线下定制部署企业运行支持系统

深入线下企业内部为用户本地化部署企业运行支持系统，主要服务包括接入用户数据源、制作分析看板、后期维护等。

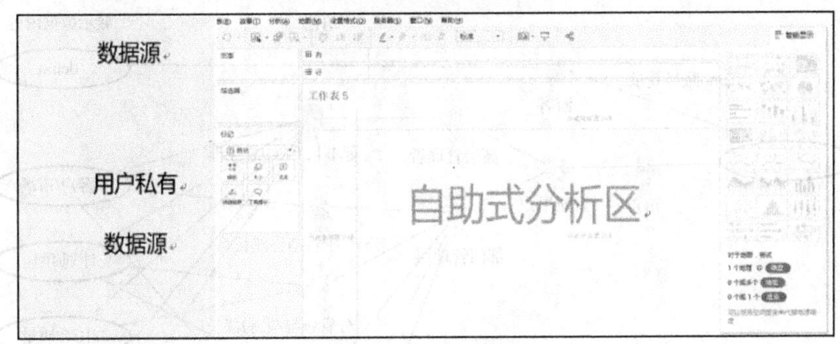

图 4-8 自助式分析

数据来源：用户私有数据。

展示方式：私有或公开的个性化指标。

应用场景：基于用户数据，用户提出个性化需求，本地部署或 INDICS 平台展示，适用于较大项目。目前已经在沈阳中之杰公司实现了此案例的部署。沈阳中之杰本地部署的 BI 系统页面展示详见图 4-9。

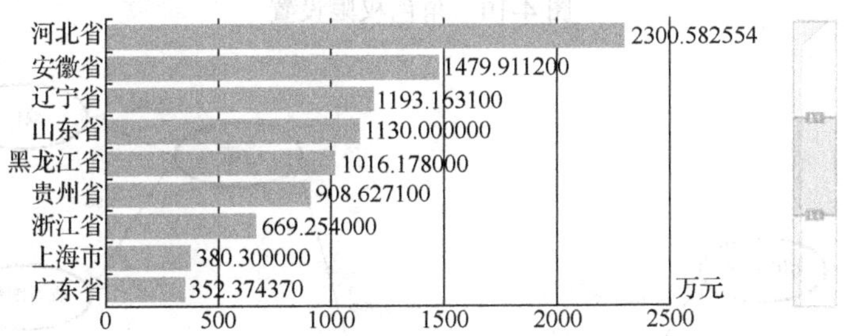

图 4-9 本地部署的 BI 系统页面展示

4.5 移动端业务

企业驾驶舱移动端方便用户在任何场合、任何时间随时查看数据，及时接收预警通知，可实现图表标注和分享的产品。企业运行支持系统 App 将根据用户角色展示不同版块数据，并可通过切换角色查看主题。

不同角色和展示数据内容的对应关系如下，游客将以 demo 账号登录，通过 demo 数据体验企业驾驶舱功能，游客的角色权限设置详见图 4-10。

高层管理者拥有最高权限，可查看所有版块的数据。部门管理者将根据自身被赋予的权限查看权限版块内的数据和图表。企业驾驶舱 App 第一期将上线客户/市场、计划/供应两大版块，同时放开所有权限，即所有企业账号均可在两大版块间进行切换查看。企业用户的登录权限设置如图 4-11 所示。

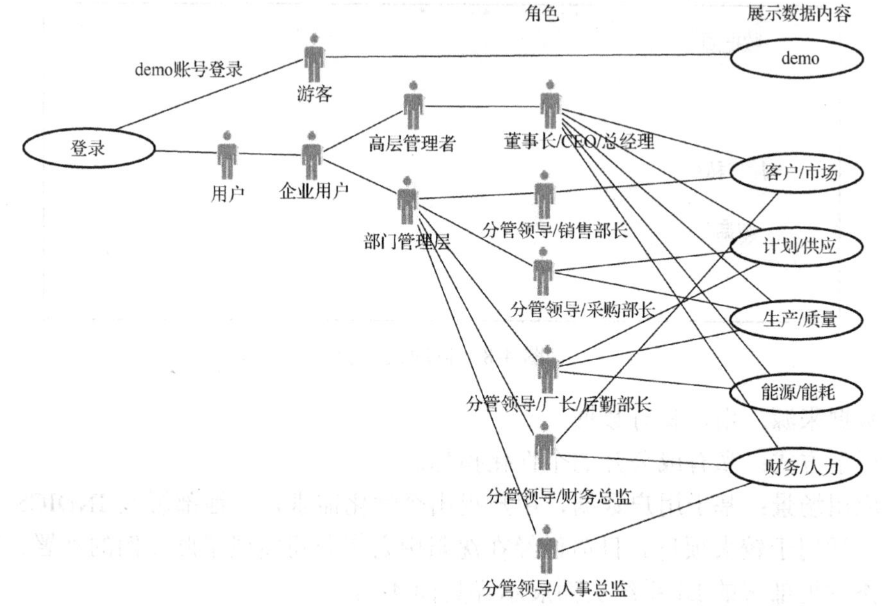

图 4-10　角色权限设置

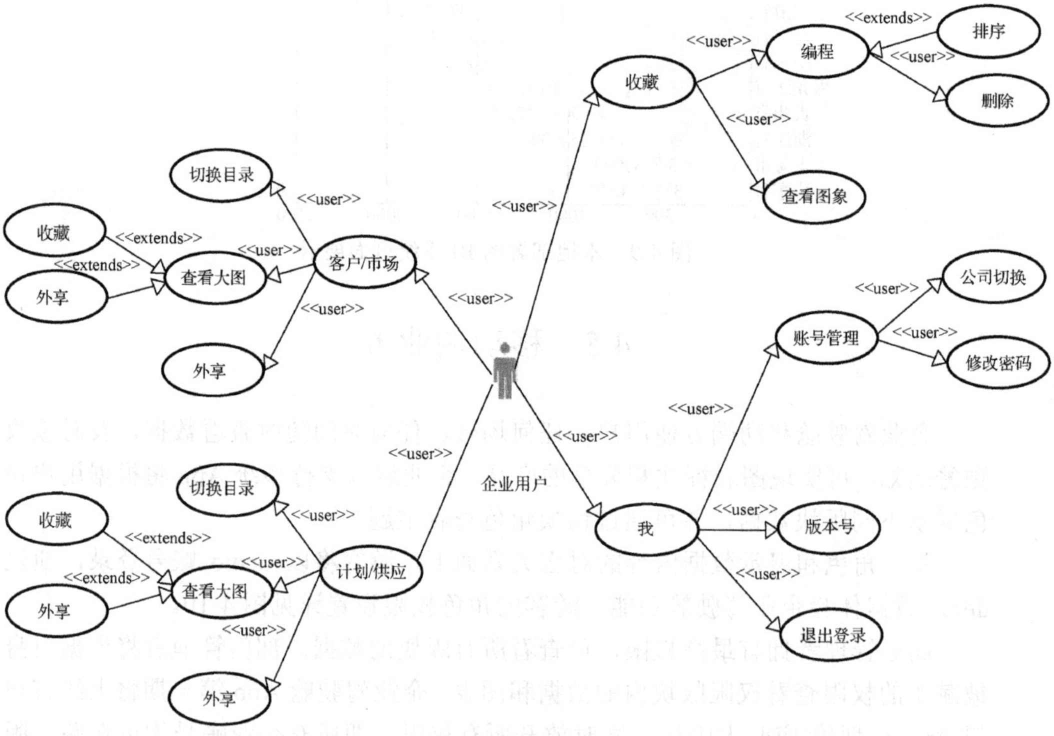

图 4-11　企业用户的登录权限设置

第5章 应用环境

企业驾驶舱设计了五大通用版块和定制化功能模块，切实解决用户痛点。客户/市场、计划/供应两大版块帮助企业开拓市场、增强资源计划性；生产/质量、能源/能耗两大版块帮助企业改善流程工艺、提升生产效率、降低能耗等成本；财务/人力版块是企业普遍需要的业务应用服务。部分交易数据、财务数据、成本数据、离职情况等可以设置预警阈值，当指标达到预警阈值时，立即警示企业管理层，及时调整企业的决策方向。

部分用户不满足通用模块，需要自己对数据编辑个性化的看板。“我的报告”模块将为用户提供与业务相关的所有原始数据字段，主要包括需求发布数据集、采购数据集、销售数据集、云端营销数据集等数据源，在此基础上为用户提供类似 Tableau 的分析界面用于制作并保存分析看板。

企业驾驶舱可以帮助集团及客户达到以下目标。

(1) 增强内部感知能力：掌握本公司整体经营状况。

(2) 增强外部感知能力：了解公司所处的宏观经济环境、行业环境和竞争格局。

(3) 增强决策智能能力：协助公司业务决策。

(4) 增强宣传推广效果：将企业驾驶舱作为宣传入口，为公司其他产品引流。

(5) 增强研究分析能力：根据领导要求，研究部门可以制作分析报告。

5.1 应用环境介绍

企业驾驶舱对环境运行要求不高，常见的浏览器都可以支持，并有 App 版的企业驾驶舱，方便用户移动办公。

企业驾驶舱使用的是 B/S 结构，用户通过使用浏览器就可以进行正常的访问。现在企业驾驶舱已经上线移动端 App，在手机上安装企业驾驶舱 App 以后也可以使用企业驾驶舱功能。

5.2 企业驾驶舱数据介绍

企业驾驶舱是为企业经营管理层提供云化的指挥、决策、控制等功能的商务智能系统，是数据聚合、展示平台，也是辅助决策平台。

在试用企业驾驶舱之前，需要明确企业驾驶舱的数据来源，了解查看数据需要注意的事项，本章将对其进行详细介绍。

5.2.1　数据来源

企业驾驶舱的数据来源主要有四种。

(1)用户在 INDICS 平台云端业务工作室(包括云端营销)的交易数据会直接展示在企业驾驶舱客户/市场、计划/供应两个版块内，用户可以直接查看和下载数据。部分数据集在“我的报告”模块可以直接使用，方便制作报告。

(2)用户在 INDICS 平台天智互联网设备数据库的设备数据(后期企业驾驶舱接入其他应用的数据同理)会直接展示在企业驾驶舱生产/质量模块内，用户可以直接查看和下载数据。

(3)用户企业自身拥有信息化系统，企业驾驶舱可以通过预留、开放各类接口，实现与企业其他业务系统的无缝衔接。

(4)企业自行上传数据到企业驾驶舱，一般分为三种情况。

①企业驾驶舱功能版块需要用户手动上传企业数据，如工资产出比页面。

②没有数据系统的企业也可以直接将 Excel 数据上传到企业驾驶舱“我的报告”模块，进行处理展示，可以选择性地让部分员工可见，实现数据的随时查看和展示。

③对上面已有可视化展示不满足的企业，也可以在“我的报告”模块自己制作更丰富的展示图表，来替代统一固定展示样式。

以上四种方式可以将数据聚合在企业驾驶舱，便于统一管理、查看和处理，大部分页面的数据都能生成 Excel 文件，方便导入其他系统使用。企业驾驶舱数据来源详情如图 5-1 所示。

模块	云端业务工作室	云端营销	天智互联网设备数据库	与企业信息化系统对接	企业自行填报及上传
客户/市场	√	√		√	☑
计划/供应	√			☑	☑
生产/质量			√	☑	☑
能源/能耗				√	☑
财务/人力				☑	√

√已经接入　☑计划接入

图 5-1　企业驾驶舱数据来源示意图

5.2.2　公司选择

企业驾驶舱页面中，公司根据集团企业的层级关系确定，目前只显示本公司和下级企业，默认显示本级公司的数据。

在页面上方选择企业，如图 5-2 所示。

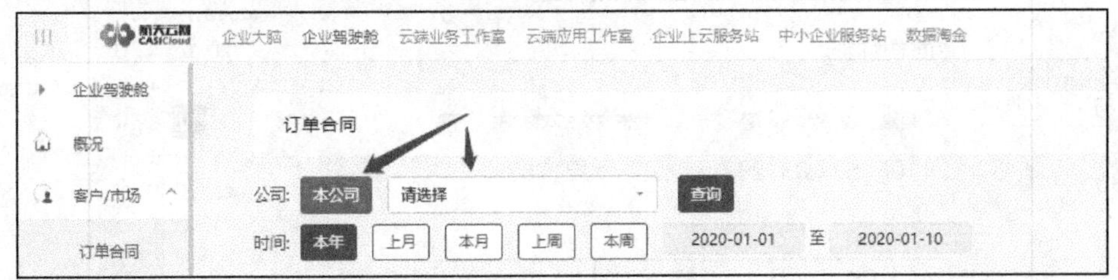

图 5-2 公司选择示例图

单击公司名称右面的“更多”按钮，可以看到子公司菜单，默认选择本公司，只需要单击公司名称，就可以取消或选中，如图 5-3 所示。

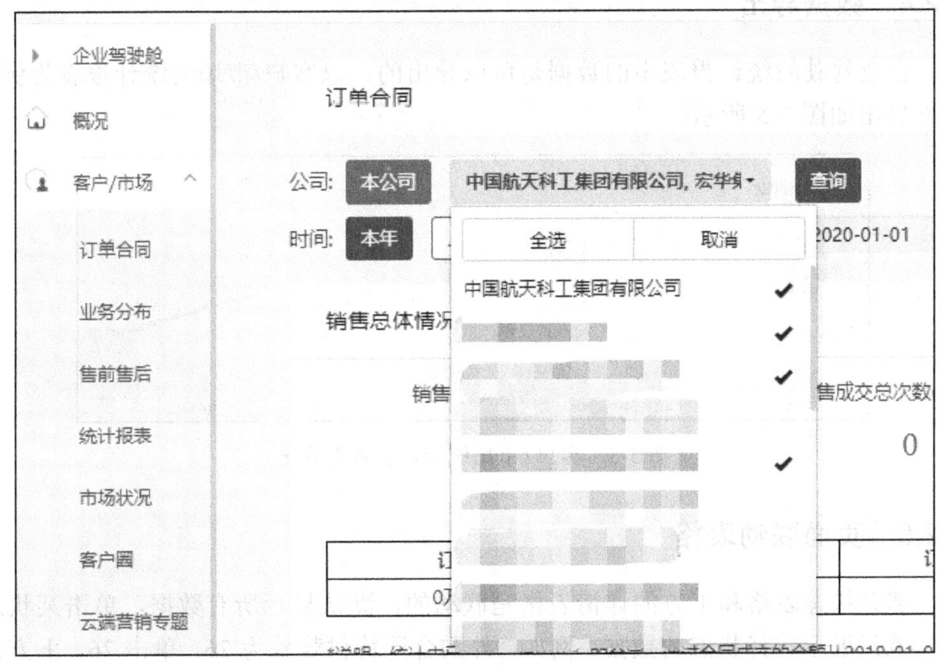

图 5-3 选择子公司实例图

5.2.3 时间选择

企业驾驶舱统计数据按日进行更新。用户可以根据需求查找历史任意时间段的数据。时间段确定之后，此页面下均展示该时间段的统计数据，如图 5-4 所示。

企业驾驶舱大部分页面都需要进行时间筛选，开始时间默认为本年 1 月 1 日，结束时间默认为当天。

图 5-4　时间选择

5.2.4　数据导出

企业驾驶舱统计报表中的数据是可以导出的，以客户/市场的统计报表为例，数据导出如图 5-5 所示。

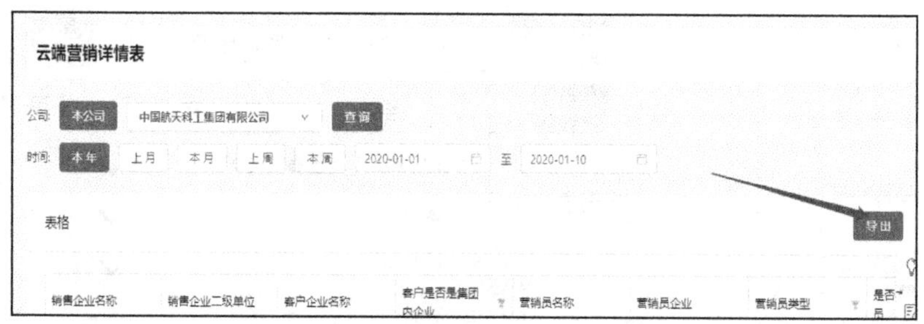

图 5-5　客户/市场统计报表数据导出

5.2.5　页面联动表格

部分状态表格和下方的详情表格是联动的，默认显示所有数据，单击某状态数值就只展示选择状态的数据。例如，外购合同待付款数为 26，单击 26，下方云端业务销售详情表中会只显示相关数据，便于直接查看。表格联动(订单表)如图 5-6 所示。

订单	全部	待付款	待卖家发货	待收货
外购订单	17356	26	3108	655

图 5-6　表格联动(订单表)

单击订单表或合同可以下钻详细数据，表格联动(订单表下钻数据)如图 5-7 所示。

业务员	交易id	客户企业	成交方式	业务类型	是否新业务	状态	交易时间	产品
企业系统管理员	B2BDD201901106924	内蒙古卓立科技有限公司	订单	产品	否	待付款	2019-01-03	工作帽
企业系统管理员	B2BDD201902108249	内蒙古卓立科技有限公司	订单	产品	否	待付款	2019-02-20	起动器15
管理员	B2BDD201902108263	安阳钢铁股份有限公司	订单	产品	否	待付款	2019-02-21	内胎9.00-20

图 5-7　表格联动(订单表下钻数据)

5.2.6　数据指标解释和说明

在本书最后的附录中有常见数据指标名词的解释和说明。在“线上企业驾驶舱→我的报告”，查看报告里面也有对企业驾驶舱的一些数据指标名词的解释。

在 INDICS 平台首页上方依次单击“客户服务中心→帮助文档→企业驾驶舱”，可看到企业驾驶舱的操作视频、常见问题和更新日志，如图 5-8 所示。

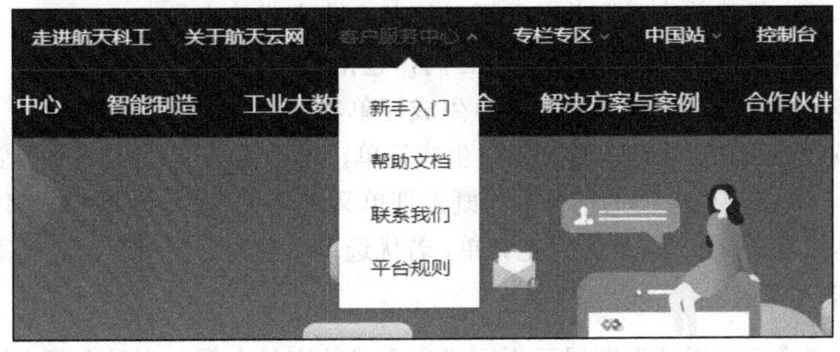

图 5-8　帮助文档

5.3　客户/市场

客户/市场版块中的数据来源于 INDICS 平台上的原始基础数据，时间和单位筛选可控制页面上所有的数据变化。客户/市场版块的指标数据可下钻看到下一级单位的该数值排行，所有图表数据均支持下载。

5.3.1　订单合同

1. 销售总体情况

销售总体情况模块具体展示销售总额和销售成交总次数，表格中数据区分“合同”、“订单”以及“订单+合同”的交易金额。销售总体情况如图 5-9 所示。

图 5-9　销售总体情况

销售总额：销售总额=合同金额+订单金额+(合同金额+订单金额)。

订单金额统计状态包括“已完成”“待评价”；合同金额统计状态包括“合同生效”“变更中”“已变更”“终止中”“终止待确认”“终止确认退回”“终止待审”“终止审批退回”“合同完成”。

合同：由优选单生成合同，只通过合同方式完成的交易。

订单：由优选单生成订单，只通过订单方式完成的交易。

订单+合同：既生成订单又生成合同，包括两种方式。

(1)先由优选单(优选单数量≥1)生成订单，再由订单生成合同。

(2)先由优选单(优选单数量≥1)生成订单，再由优选单(优选单数量≥1)生成合同。两者优选单中共同的部分计为既走订单又走合同，优选单不同的部分中，若优选单单独为订单所有，计为只走订单，若优选单单独为合同所有，计为只走合同。

2. 成交方式

成交方式模块用环形图展示不同成交方式的交易金额和交易金额占比情况。成交方式包括“订单”“合同”“订单+合同”，如图 5-10 所示。

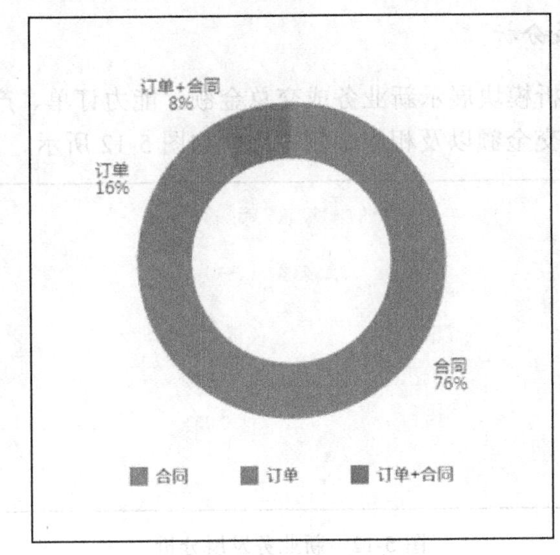

图 5-10 成交方式

3. 销售业务类型

销售业务类型模块用条形图展示不同业务类型的具体销售金额，如图 5-11 所示。

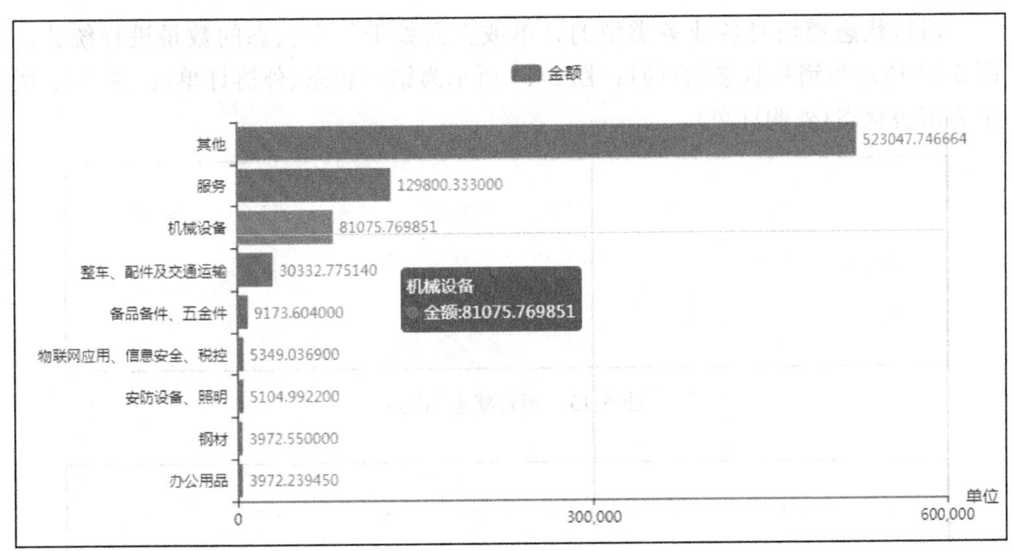

图 5-11 销售业务类型

销售业务类型包括采购商发布需求时选择的分类，或者供应商发布产品和能力时选择的分类。

4. 新业务发展分析

新业务发展分析模块展示新业务成交总金额、能力订单、产品订单、能力合同、产品合同的成交金额以及相应金额占比，如图 5-12 所示。

新业务成交总金额			
12,154.04 万元			
能力订单	产品订单	能力合同	产品合同
87.08 万元	11,701.00 万元	5.58 万元	360.38 万元
0.72%	96.27%	0.05%	2.97%

图 5-12　新业务发展分析

新业务成交总金额包括新业务能力订单金额、新业务产品订单金额、新业务能力合同金额、新业务产品合同金额。

5. 销售状态

销售状态模块对各业务类型的订单或合同处于每个状态的数量进行统计。图 5-13 所示为销售状态(合同)；图 5-14 所示为销售状态(外协订单)；图 5-15 所示为销售状态(外购订单)。

合同	全部	草稿	待确认	合同生效	待审核	待签章	确认退货
外购合同	205	0	0	74	2	0	0
外协合同	63	0	2	23	0	0	0

图 5-13　销售状态(合同)

订单	全部	已确认	交易中	完成	取消	待支付	其他
外协订单	96	4	23	68	1	0	0

图 5-14　销售状态(外协订单)

订单	全部	待付款	待卖家发货	待收货	待评价买家	订单完成	待评价卖家	取消订单	已取消	已退货	其他
外购订单	256	1	79	19	146	0	1	7	3	0	0

图 5-15 销售状态(外购订单)

6. 云端业务销售详情表

云端业务销售详情表模块可与销售状态表格中的数据进行联动，默认展示所有云端业务销售的详情信息，可根据单击销售状态中具体表格的数据进行具体筛选，具体展示其对应的销售详情信息。例如，外购合同已确认数为3，单击3，下方云端业务销售详情表中会只显示相关数据，便于直接查看，如图5-16所示。

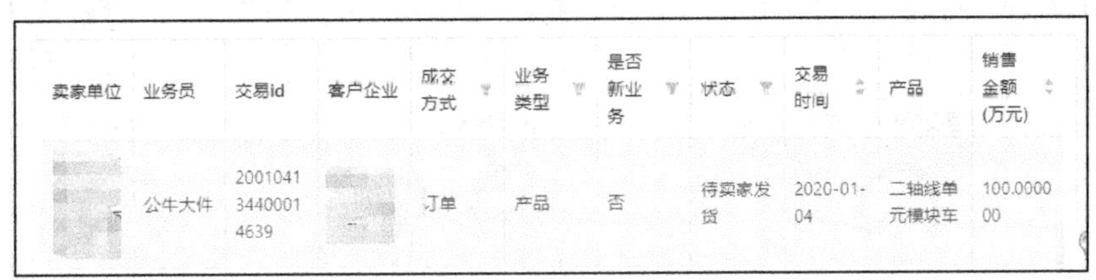

卖家单位	业务员	交易id	客户企业	成交方式	业务类型	是否新业务	状态	交易时间	产品	销售金额(万元)
[illegible]	公牛大件	20010413440014639	[illegible]	订单	产品	否	待卖家发货	2020-01-04	二轴线单元模块车	100.000000

图 5-16 销售状态与销售详情联动

5.3.2 业务分布

业务分布模块可选择业务分类“产品”“能力”“分析指标”“成交总金额(万元)”“成交(笔)”“客户(个)”，根据选择，子公司业务分析、业务分布、业务范围分析的展示图均可以对应展示，如图5-17所示。

销售辐射省份	销售总额	平均配套里程	客户总数
24 个	799640.556562 万元	198.09 公里	203 个

业务分类 产品 能力 分析指标 成交总金额(万元) 成交(笔) 客户(个)

图 5-17 业务分布

5.3.3 售前/售后

售前/售后模块支持个性化定制，企业驾驶舱其他示例数据的版块也是如此。企业可以将自己的数据系统接入其中。图5-18所示为售前项目情况；图5-19所示为售后项目情况。

售前项目数据	商业V值 ⓘ	售前活动拜访次数
12841.43 万元	2.11	2500 次
成单数量	成单金额	售前重点项目数量 ⓘ
3500 个	12199.36 万元	40 个
商机转换率 ⓘ	客户转换率 ⓘ	项目成单率 ⓘ
95%	90%	82%

图 5-18 售前项目情况

客户满意度	保质期区间项目数	汇款金额
40 个	40 个	6099.68 万元
处理反馈的完成率	工单满意率	工单完成率
96.75%	92.5%	92.5%

图 5-19 售后项目情况

5.3.4 统计报表

统计报表模块具体展示云端业务工作室的“云端业务销售详情表”“能力与产品发布、销售统计”“员工销售业绩详情表”“新业务销售详情表”“客户销售详情表”“销售额与目标额对比”六张表格，以及云端营销的“云端营销详情表”“云端营销数据统计”“营销员活跃详情表”“营销员详情表”“货源中心产品列表”“产品流量详情表”六张表格，如图 5-20 所示。

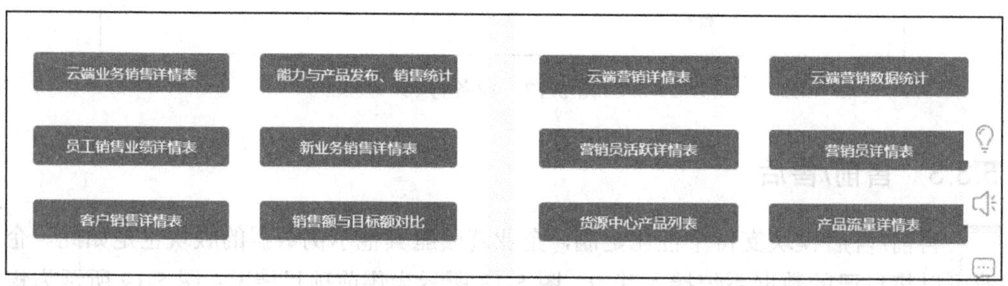

图 5-20 统计报表页面

云端业务工作室的数据包含云端营销的数据和非云端营销的数据。下面简单介绍这些数据表格。

(1) 云端业务详情表是用户在云端业务工作室外购/外协的订单/合同列表的总和，所以需要下载进行数据清洗才能得到对应想看的数据，否则订单和订单生成的合同在表里会重复展示(因为工作室订单合同列表都会有)，而且未做完的交易也会展示，数据会超出所需。

(2) 能力与产品发布、销售统计是两张表格。能力和产品发布展示发布情况；销售统计可以查看订单合同、集团内外、外协外购三个维度的交易，也就是说可以查看对外销售情况、合同/订单销售情况、外协/外购销售情况。

(3) 员工销售业绩详情表展示员工销售的每笔交易，从卖家单位、业务员和金额三个维度展示。

(4) 云端营销详情表的数据是符合云端营销操作流程的所有交易数据，用户需要特别注意客户是否为集团内筛选出的。

(5) 云端营销数据统计可以看到自己及下级单位的云端营销各种指标统计数据，有“云端营销人员注册数”“货源中心在线产品数”“成交笔数”“2019 成交笔数”“成交金额”“2019 年成交金额”“累计具备兑付条件的提成金金额(万元)”“累计实际发放至营销员账户的提成金金额(万元)”“社会化系数”“2019 社会化系数”等 16 个指标的统计数据。

(6) 货源中心产品列表展示云端营销货源中心产品的名称、分类、库存数量等信息。

(7) 营销员详情表展示营销员的名称、邮箱、手机号、员工类型、所属企业和兑付率等信息。

(8) 营销员活跃详情表展示营销员登录 INDICS 平台、将商品加入货架、促成交易等数据统计。

(9) 产品流量详情表展示每个商品的上下架情况，以及被分享、浏览的情况。

其他表格着重讲解新业务销售详情表、客户销售详情表和销售额与目标额对比。部分指标的解释在企业驾驶舱的其他页面同样适用。

1. 新业务销售详情表

新业务销售详情表包括总能力订单和总能力合同。总能力订单：所有能力订单，包括新旧业务；总能力合同：所有能力合同，包括新旧业务。表格页面如图 5-21 所示。

2. 客户销售详情表

客户销售详情表包括客户类别、配套里程、客单价、能力发布数量、能力应标数量等，详细解释如下。

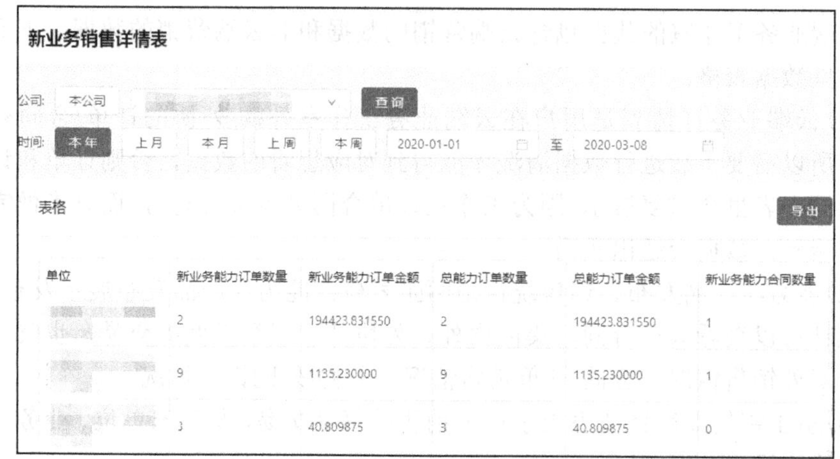

单位	新业务能力订单数量	新业务能力订单金额	总能力订单数量	总能力订单金额	新业务能力合同数量
	2	194423.831550	2	194423.831550	1
	9	1135.230000	9	1135.230000	1
	3	40.809875	3	40.809875	0

图 5-21　新业务详情表

(1)客户类别：主要分为新、老客户。

(2)配套里程：本公司和客户地理上两地的直线距离。

(3)客单价：客户平均每单交易的金额。

(4)能力发布数量：发布能力需求的数量。其中，询价统计状态包括“询价中”“已优选”“已下单”“已关闭”。

(5)能力应标数量：该企业响应 INDICS 平台上已发布的需求的次数，统计状态为“已报价”。

(6)能力中标数量：该企业响应 INDICS 平台上已发布的需求并且最后中标的次数，统计状态为“已下单”。

(7)能力发布成交金额：发布能力需求的最后成交的金额，订单销售统计状态包括“已完成”“待评价”，合同销售统计状态包括“合同生效”“变更中”“已变更”“终止中”“终止待确认”“终止确认退回”“终止待审”“终止审批退回”“合同完成”。

(8)产品发布数量：发布产品需求数量。询价统计状态包括“询价中”“已优选”“已下单”“已关闭”。

(9)产品成交数量：产品成交单数。订单销售统计状态包括“已完成”“待评价”；合同销售统计状态包括“合同生效”“变更中”“已变更”“终止中”“终止待确认”“终止确认退回”“终止待审”“终止审批退回”“合同完成”。

(10)产品发布成交金额：发布产品并且成交的金额。订单销售统计状态包括“已完成”“待评价”；合同销售统计状态包括“合同生效”“变更中”“已变更”“终止中”“终止待确认”“终止确认退回”“终止待审”“终止审批退回”“合同完成”。

(11)外协订单销售金额：订单销售统计状态包括“已完成”“待评价”。

(12)外协合同销售金额：由优选生成的合同，不包含由优选生成订单和合同的交易，合同销售统计状态包括“合同生效”“变更中”“已变更”“终止中”“终止待确认”“终止确认退回”“终止待审”“终止审批退回”“合同完成”。

(13)外协销售总金额：总金额=外协销售金额+外购销售金额。订单销售统计状态包括“已完成”“待评价”，合同销售统计状态包括“合同生效”“变更中”“已变更”“终止中”“终止待确认”“终止确认退回”“终止待审”“终止审批退回”“合同完成”。客户销售详情表如图 5-22 所示。

表格 导出

销售单位	客户所在省份	客户企业	客户类别	客户企业性质	客户企业规模	所在行业	配套里程（公里）	销售金额（万元）	累积销售次数（笔）	客单价（万元/笔）	最近成交时间
[illegible]	未知	珲春市公安局	老客户	未分类	--	--	0.00	2.721600	1	2.721600	2020-03-06
[illegible]	未知	吉林根泽会计有限公司	老客户	未分类	--	--	0.00	0.120000	1	0.120000	2020-03-06

图 5-22 客户销售详情表

3. **销售额与目标额对比**

在销售额与目标额对比图中，会展示本年度的外购销售总额和外协销售总额，用户可以填写外购销售目标额以及外协销售目标额，根据实际销售额和目标销售额可以生成统计图，如图 5-23 所示。

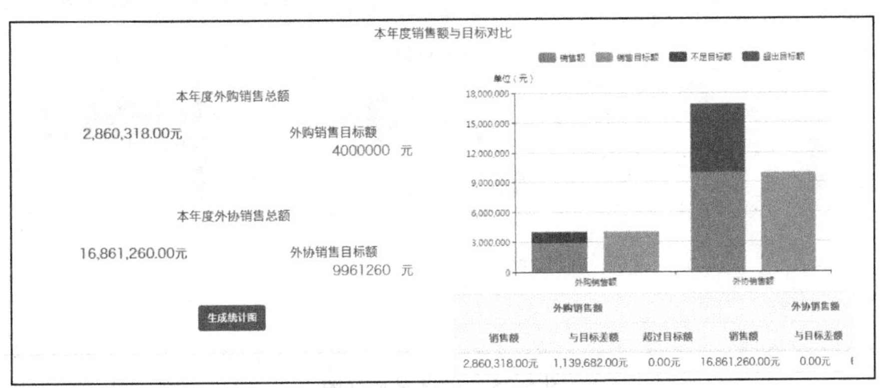

图 5-23 销售额与目标额对比图

5.3.5 市场状况

市场状况中的销售业务类型包括：“总情况”“产品”“能力”，根据选择的销售业务类型，展示其对应的“销售总额”“客户数量”以及对应的“各月销售趋势图”和“销售业务分类”图，如图 5-24 所示。

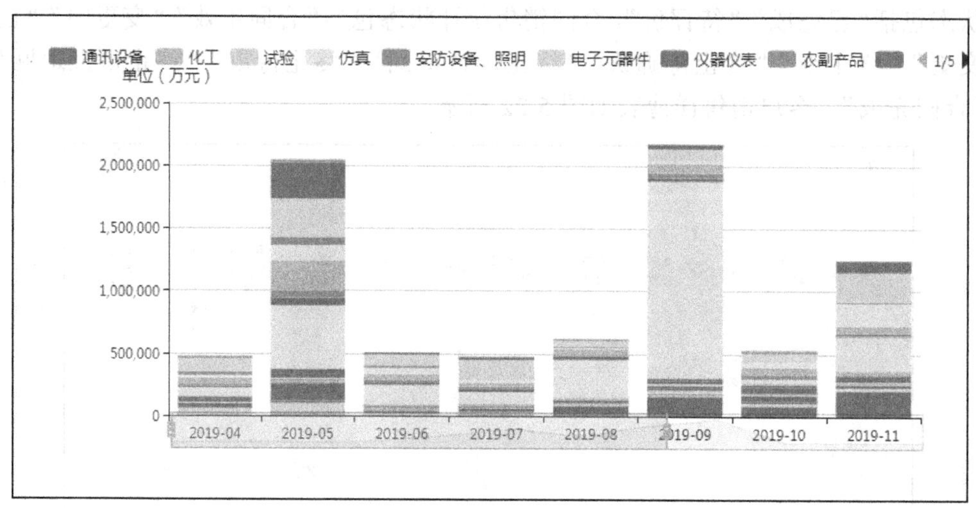

图 5-24　销售业务分类

5.3.6 客户圈

客户圈展示客户不同维度的分布和交易详情。图 5-25 所示为客户圈示意图；图 5-26 所示为客户圈中客户销售分析；图 5-27 所示为客户圈中的订单详情。

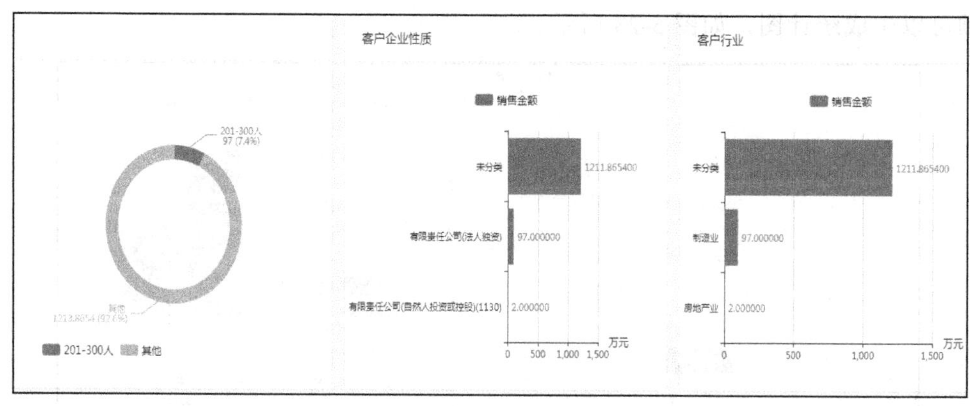

图 5-25　客户圈示意图

销售单位	客户所在省份	客户企业	客户类别	客户企业性质	客户企业规模	所在行业	配套里程（公里）	销售金额（万元）	累积销售次数（笔）	客单价（万元/笔）	最近成交时间
[illegible]	浙江省	[illegible]	老客户	有限责任公司(自然人投资或控股)	--	科技推广和应用服务业	0.00	74.000000	3	24.666667	2020-02-27
[illegible]	湖北省	[illegible]	老客户	有限责任公司(自然人投资或控股)	--	专用设备制造业	190.62	3890.000000	10	389.000000	2020-02-27

图 5-26 客户圈(客户销售分析)

销售单位名称	客户单位名称	销售编号	成交时间	金额（万元）	业务类目	销售业务类型	是否新业务	成交方式
[illegible]	[illegible]	200306144500015420	2020-03-06	2.721600	--	产品	是	订单
[illegible]	[illegible]	20030613100001	2020-03-06	0.120000	--	能力	是	订单
[illegible]	[illegible]	20030610190001	2020-03-06	1130.000000	--	能力	是	订单

图 5-27 客户圈(订单详情)

5.3.7 云端营销专题

云端营销专题页是云端营销数据的集中展示。

云端营销的数据、客户/市场概况、订单合同和统计报表都有部分展示功能。专题页将这几个页面集中在一起进行展示，便于查看，数据和其他界面一致，不做过多说明。

时间添加上月、本月、上周、本周和本年一键筛选条件，便于使用。需要注意的是，选择时间后，营销员、产品、成交情况是时间段内新增的量不是历史累计的量，如图 5-28 所示。

云端营销页面还有营销员活跃情况的展示。可以选择登录 INDICS 平台、加入货架产品和促成交易金额三个维度查看营销员的活跃情况，如图 5-29 所示。

云端营销交易展示云端营销的成交情况和销售额的趋势，如图 5-30 所示。

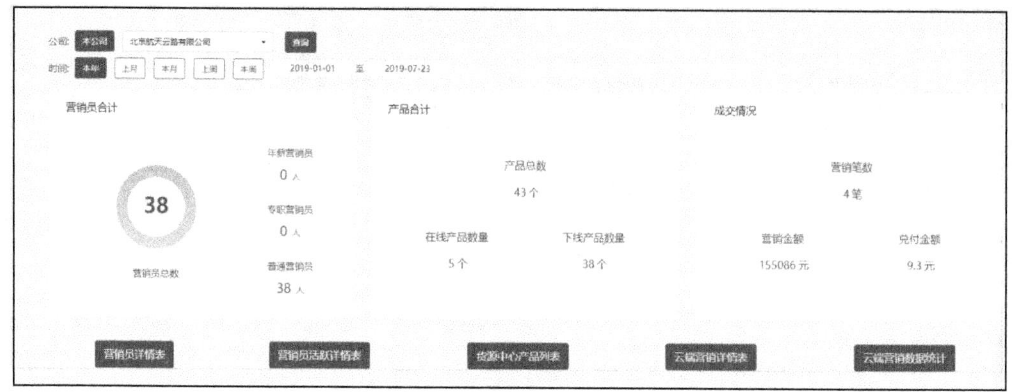

图 5-28　时间筛选

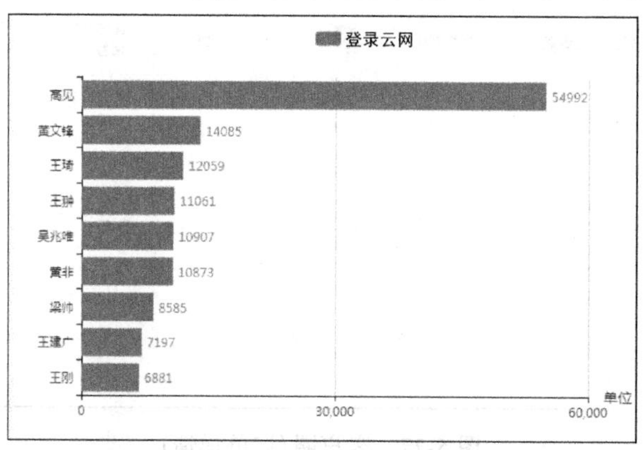

图 5-29　营销员活跃排行

图 5-30　云端营销销售趋势

货源中心数据展示商品被加入货架的情况和产品流量趋势等信息，如图5-31所示。

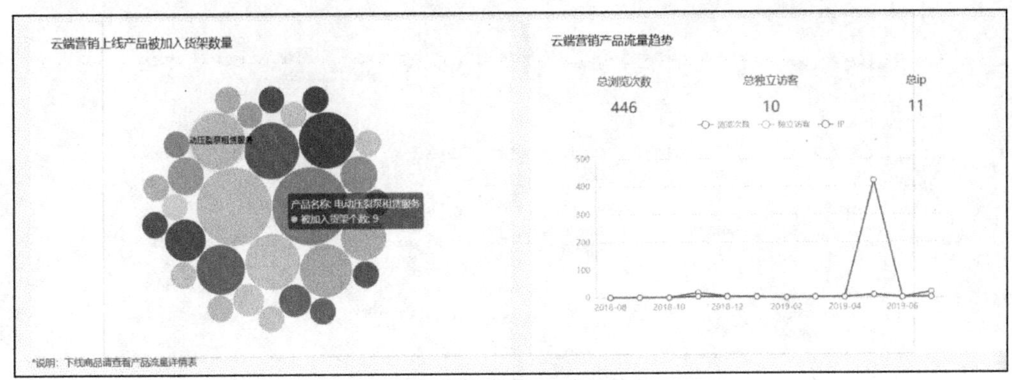

图5-31 货源中心

5.4 计划/供应

计划/供应版块中的数据是来源于INDICS平台上的原始基础数据，时间和单位筛选可控制页面上所有的数据变化。“计划/供应”页面的指标数据可下钻看到下一级单位的该数值排行，所有图表数据均支持下载。

5.4.1 供应链计划

供应链计划模块展示采购需求情况、采购成交情况、采购需求业务类型、采购需求状态、需求发布详情表等数据。其中，采购业务类型如图5-32所示。

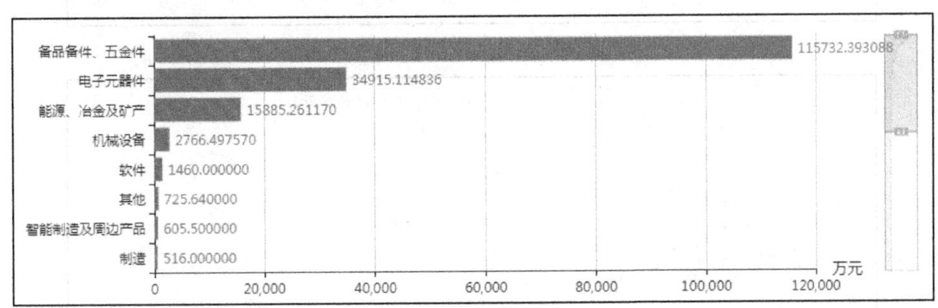

图5-32 采购业务类型

需求发布详情表可与采购需求状态表格中的数据进行联动变化。默认展示所有需求发布的详情信息，可根据单击采购需求状态中具体表格的数据进行具体筛选。需求发布详情表具体展示其对应的需求发布详情信息。图 5-33 所示为已优选需求筛选结果。

需求单位	业务员	询价单编号	业务类型	询价主题	发布方式	状态	需求发布时间	询价截至日期	需求发布金额（万元）	交易方式
北京计算机技术及应用研究所	朱颖	40000027202404	外协	SSD固件和测试程序开发(新)	全网发布	已优选	2020-02-21	2020-03-06	0.000000	其他
北京计算机技术及应用研究所	朱颖	40000027202380	外协	SSD试验用品定制(新)	全网发布	已优选	2020-02-21	2020-03-06	0.000000	其他
贵州航天云网科技有限公司	贵州航天云网科技有限公司	40000027132827	外协	网络化系统建设	全网发布	已优选	2020-01-07	2020-01-14	0.000000	货到付款

图 5-33　采购需求状态

5.4.2　生产计划

生产计划模块展示测试数据，仅用于效果展示，此模块支持个性化定制。图 5-34 所示为生产计划；图 5-35 所示为物料呆滞天数。

ID合同	应交付金额（万元）	本月排产合同额（万元）	本月完成合同额（万元）	完成比例	准交率	工时数（小时）
4200611-690632-20170608-01	7.3824	3.6912	4.42944	100%	100%	90
4210456-600632-20180109-01	20.1714	10.0857	12.10284	100%	82%	92
4220315-630632-20180105-01	561.06	280.53	336.636	100%	83%	93
42323027-620632-20180109-11	560.94	280.47	336.564	100%	84%	94

图 5-34　生产计划

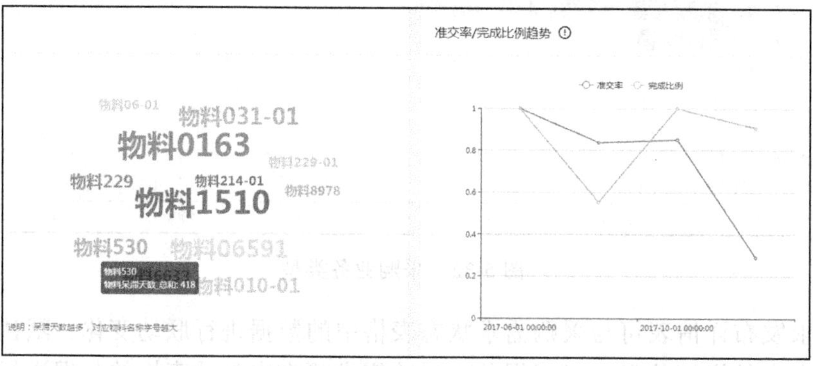

图 5-35　物料呆滞天数

5.4.3　企业计划

企业计划模块展示示例数据，仅用于效果展示，此模块支持个性化定制。企业计划页面如图 5-36 所示。

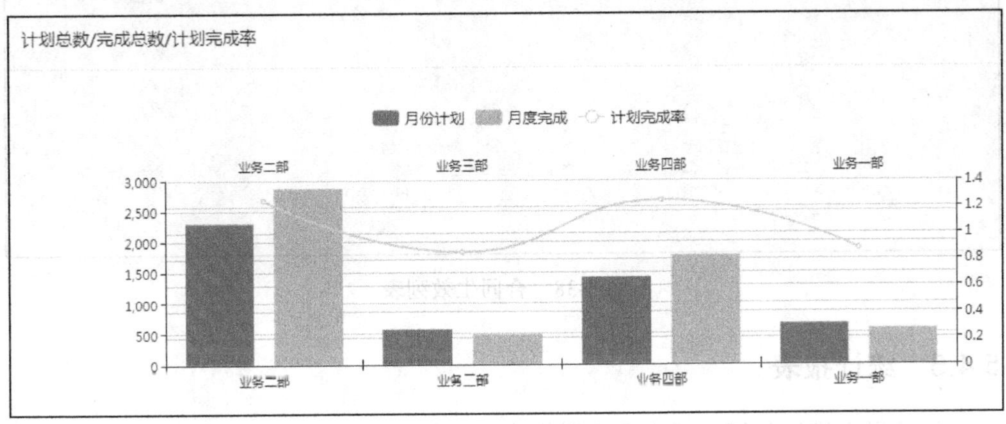

图 5-36　企业计划

5.4.4　采购动态

采购动态模块展示“采购成交情况”、“采购业务类型”和采购动态的数据表格。图 5-37 所示为采购成交情况；图 5-38 所示为合同生效列表。

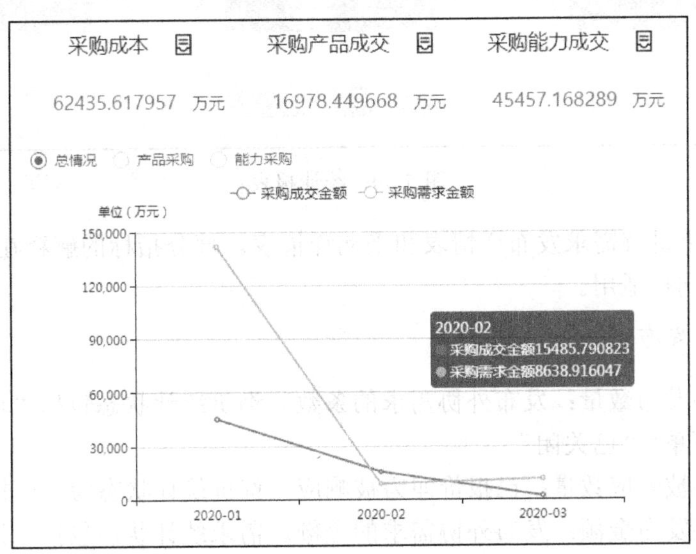

图 5-37　采购成交情况

采购单位	业务员	订单/合同编号	供应商企业	成交方式	业务类型	交易状态	交易时间	产品	销售金额(万元)	交易方式	付款方式
[illegible]	[illegible]	600406-16114900-20200110-01-40000027150791	沈阳思瑞科技发展有限公司	合同	产品	合同生效	2020-01-09 16:00:00	--	141.319000	银行转账	--
[illegible]	[illegible]	600406-16114900-20200107-01-40000027134780	沈阳思瑞科技发展有限公司	合同	产品	合同生效	2020-01-06 16:00:00	--	128.764000	银行转账	--

图 5-38　合同生效列表

5.4.5　统计报表

统计报表模块包括“需求发布详情表”“采购详情表”“供应商详情表”“员工采购详情表”“需求发布统计、采购统计”五个表格的内容，如图 5-39 所示。

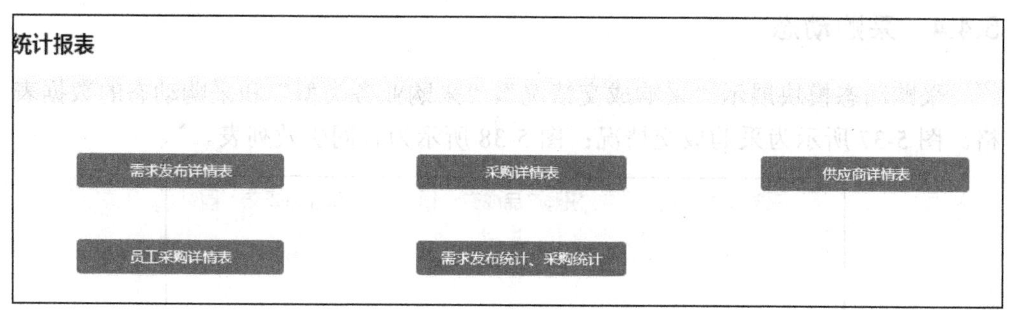

图 5-39　统计报表

本节着重讲解需求发布详情表和采购详情表。部分指标的解释在企业驾驶舱的其他页面同样适用。

1. 需求发布详情表

(1) 外协发布数量：发布外协需求的条数。询价统计状态包括“询价中”“已优选”“已下单”“已关闭”。

(2) 外协被响应数量：已报价即为被响应。询价统计状态为“已报价”。

(3) 外协发布金额：发布外协需求的金额。需求统计状态包括“询价中”“已优选”“已下单”“已关闭”。

(4) 外协全网发布金额：外协需求在发布时选择“全网发布”。需求统计状态包括“询价中”“已优选”“已下单”“已关闭”。

(5) 外协定向发布金额：外协需求在发布时选择“定向发布”。需求统计状态包括“询价中”“已优选”“已下单”“已关闭”。

(6) 发布总金额：包括外协外购的所有需求金额。需求统计状态包括“询价中”“已优选”“已下单”“已关闭”。需求发布详情表如图 5-40 所示。

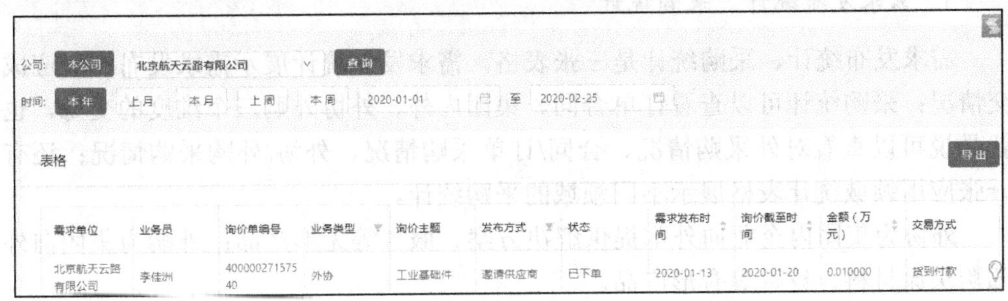

图 5-40 需求发布详情表

2. 采购详情表

(1) 外协订单采购金额：外协包括由优选生成订单的采购金额和由优选生成订单和合同的采购金额。订单采购统计状态包括“已完成”“待评价”。

(2) 外协合同采购金额：外协包括由优选生成合同的采购金额，不包括由优选生成订单和合同的采购金额。合同采购统计状态包括“合同生效”“变更中”“已变更”“终止中”“终止待确认”“终止确认退回”“终止待审”“终止审批退回”“合同完成”。

(3) 外协采购总金额：外协采购总金额包括由优选生成订单的采购金额、由优选生成合同的采购金额和由优选生成订单和合同的采购金额。订单采购统计状态包括“已完成”“待评价”；合同采购统计状态包括“合同生效”“变更中”“已变更”“终止中”“终止待确认”“终止确认退回”“终止待审”“终止审批退回”“合同完成”，如图 5-41 所示。

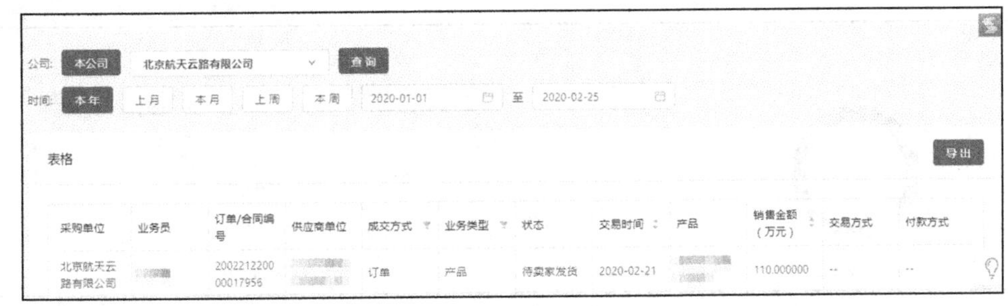

图 5-41 采购详情表

3. 供应商详情表

供应商详情表从不同维度展示供应商的企业规模、所在行业、企业性质、客单价和最近成交时间等信息。

4. 员工采购详情表

员工采购详情表展示采购单位、业务员和采购金额等信息。

5. 需求发布统计、采购统计

需求发布统计、采购统计是三张表格，需求发布统计展示需求发布和对应成交情况；采购统计可以查看订单合同、集团内外、外协外购三个维度的交易，也就是说可以查看对外采购情况、合同/订单采购情况、外协/外购采购情况；还有一张应用领域统计表格展示不同领域的采购统计。

外协为集团内企业向外部提供解决方案、服务等无形产品；外购为集团向外部购买原材料、设备等有形产品。

5.4.6 配套圈

配套圈模块展示供应商、供应商规模、供应商企业性质、供应商行业、供应商分析、订单详情等相关数据。图 5-42 所示为供应商情况；图 5-43 所示为供应商权限；图 5-44 所示为订单详情。

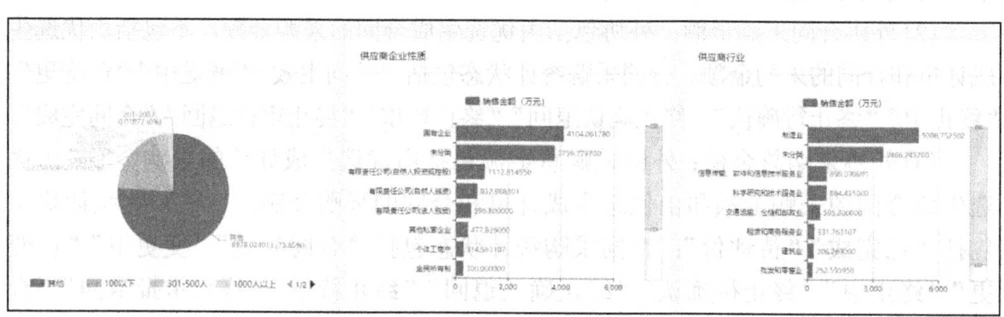

图 5-42　供应商情况

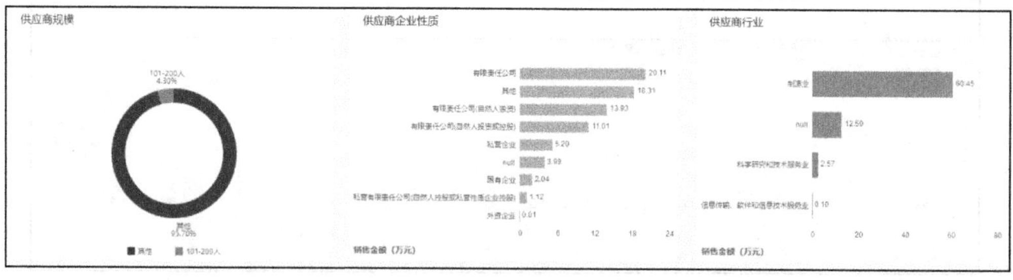

图 5-43　供应商权限

采购单位	供应单位	订单/合同编号	采购时间	采购金额（万元）	采购类型	商品类型	成交方式
北京航天云路有限公司	北京恒润鑫业投资咨询有限公司	7854167-25	2020-01-12 16:00:00	0.100000	能力	未分类	合同

共1条 < 1

图 5-44 订单详情

5.5 生产/质量

生产/质量版块中的数据是来源于 INDICS 平台上的原始基础数据，下钻可看到具体详细的信息，支持表格下载，支持数据复制等功能。

5.5.1 设备概况

设备概况模块展示设备接入简单统计，包括设备分类占比、设备购买情况、设备接入详情等。设备分类占比如图 5-45 所示；设备购买情况如图 5-46 所示；设备分类详细表如图 5-47 所示。

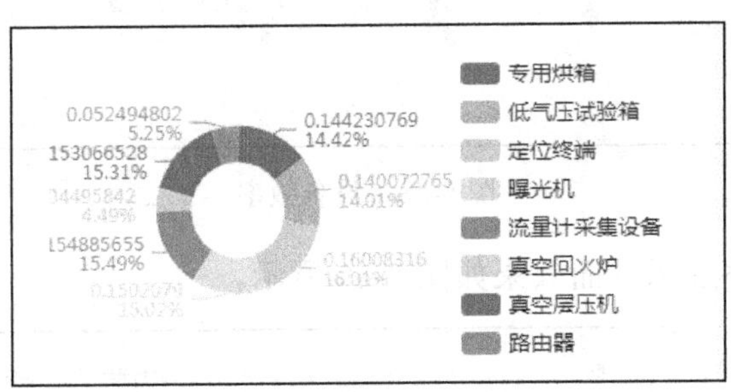

图 5-45 设备分类占比

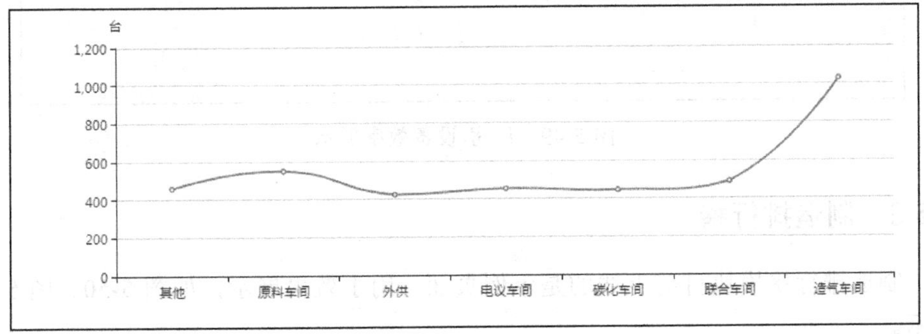

图 5-46 设备购买情况

车间类型	设备分类	购买数量	时间
联合车间	路由器	31	2018-01-01
碳化车间	定位终端	31	2018-01-01
电议车间	流量计采集设备	40	2018-01-01
造气车间	低气压试验箱	34	2018-01-01
原料车间	真空层压机	35	2018-01-01
其他	专用烘箱	40	2018-01-01

图 5-47　设备分类详细表

5.5.2　设备效率

设备效率模块展示开机率、运行率、使用率和故障率等指标数，并支持下钻详细数据。设备效率如图 5-48 所示。

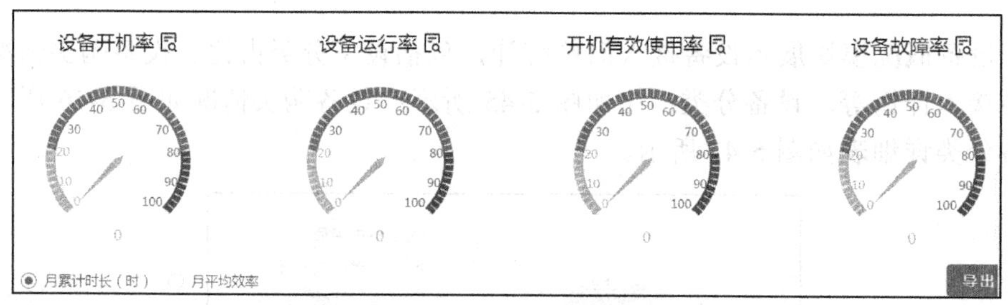

图 5-48　设备效率

厂房/设备效率展示页面效果如图 5-49 所示。

设备有效使用率

36%

公司	厂房工时(h)	设备工时(h)	工时利用百分比	设备利用百分比	时间
中秧***公司	37	40	0.37	0.4	2018-07-01
中秧***公司	32	40	0.32	0.4	2018-06-01
中秧***公司	34	36	0.34	0.36	2018-08-01
中秧***公司	37	36	0.37	0.36	2018-01-01
中秧***公司	37	36	0.37	0.36	2018-11-01

图 5-49　厂房/设备效率展示

5.5.3　制造排行榜

制造排行榜模块目前上线的是示例页面，用于效果展示，如图 5-50、图 5-51 所示。

工厂及其所有设备工时排名概况
厂房总工时
设备工时
A厂房
B厂房
C厂房
D厂房
E厂房
A厂房
厂房总工时:401
设备工时:107

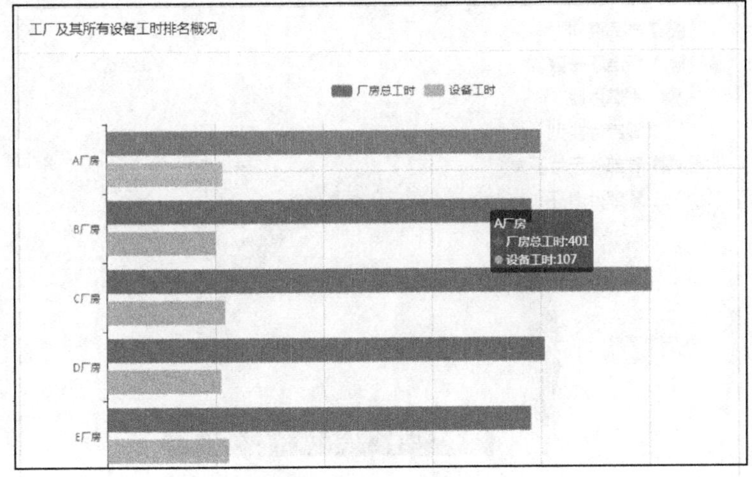

图 5-50 制造排行榜(1)

工时统计（小时）
主设备
107
人工
74
其他
70
主设备工时排行榜（小时）
逆变器
35
厂房中排名
35
丝印机
40
厂房中排名
1
热风平整机
32
厂房中排名
11

图 5-51 制造排行榜(2)

5.5.4 质量分析

质量分析模块目前上线的是示例页面，用于效果展示。质量分析页面如图 5-52 所示；产品投诉分类页面如图 5-53 所示。

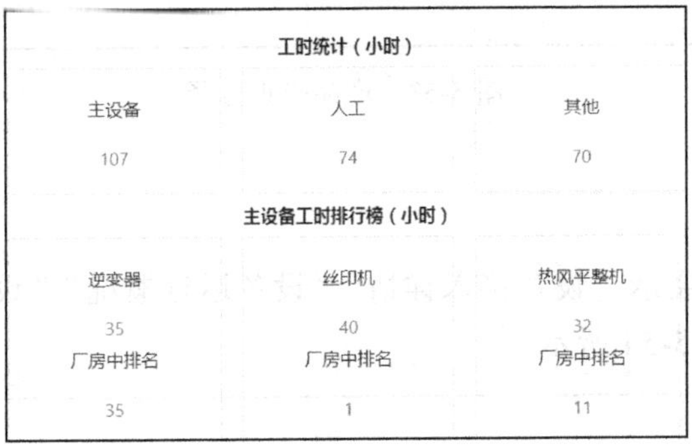

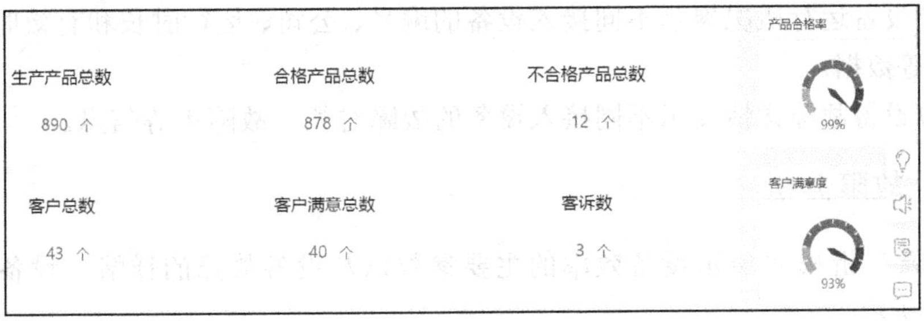

生产产品总数
890 个
合格产品总数
878 个
不合格产品总数
12 个
产品合格率
99%
客户总数
43 个
客户满意总数
40 个
客诉数
3 个
客户满意度
93%

图 5-52 质量分析

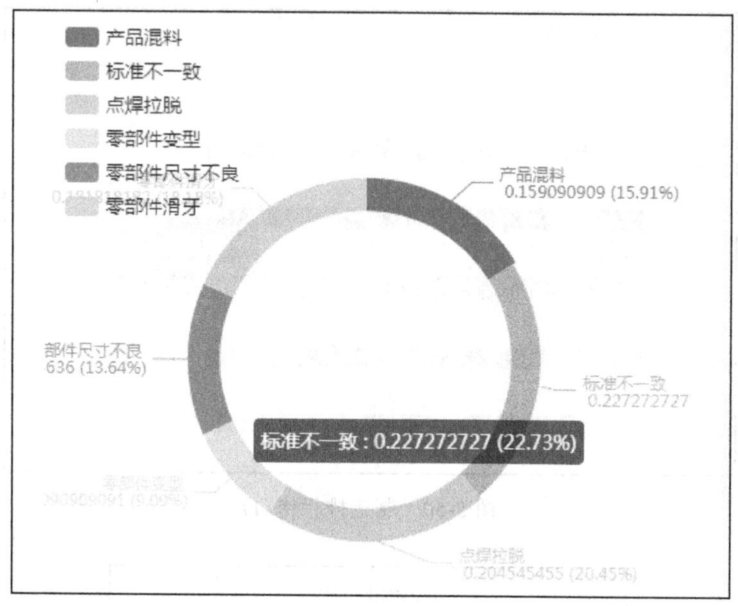

图 5-53 产品投诉分类

5.5.5 统计报表

统计报表模块展示“设备接入详情”“设备运行概况”“设备故障详情”三个表格的内容，如图 5-54 所示。

图 5-54 生产质量(统计报表)

(1) 设备接入详情展示接入设备的名称、接入时间、接入公司、设备所在地区、接入采集点数等数据。

(2) 设备运行概况展示不同接入设备的编号、公司、运行时长和有效时长、故障时长等数据。

(3) 设备故障详情展示不同接入设备的故障时长、故障率等信息。

5.5.6 故障分析

故障分析模块展示设备效率的主要参数以及设备故障的详情。设备效率如图 5-55 所示。

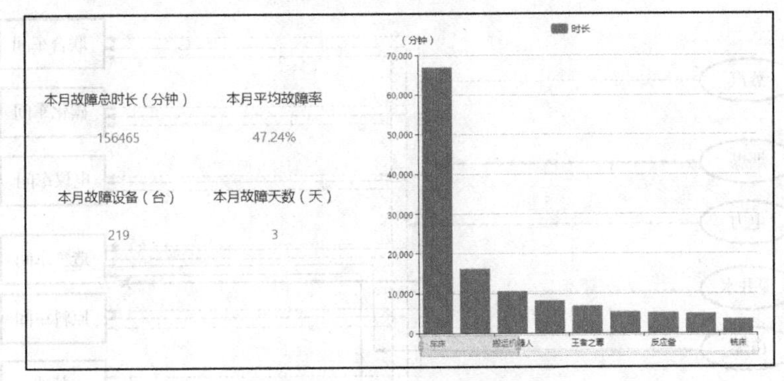

图 5-55　设备效率

故障分析示例页面如图 5-56 所示。

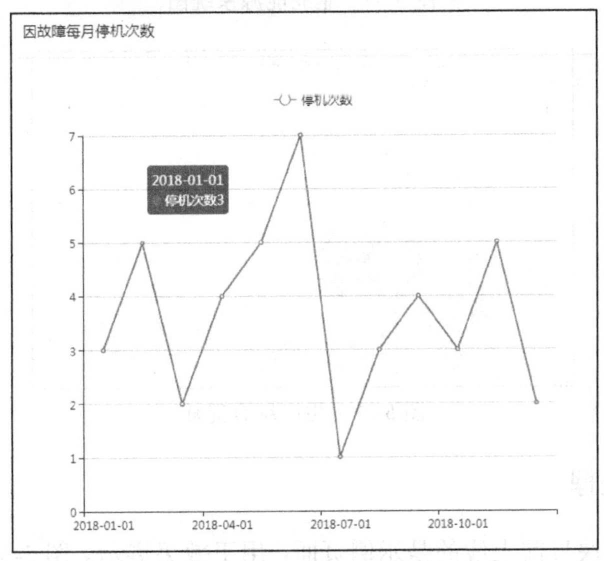

图 5-56　故障分析

5.6　能源/能耗

能源/能耗版块目前上线了能源看板、异常处理、节能潜力和统计报表四个版块，都是展示页面。

5.6.1　能源看板

能源看板模块目前上线的是示例页面，用于效果展示。图 5-57 所示为企业能源系统图；图 5-58 所示为生产综合能耗页面。

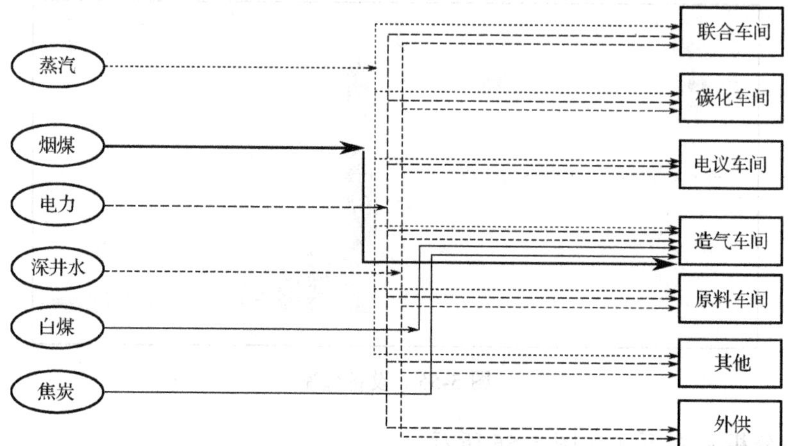

图 5-57　企业能源系统图

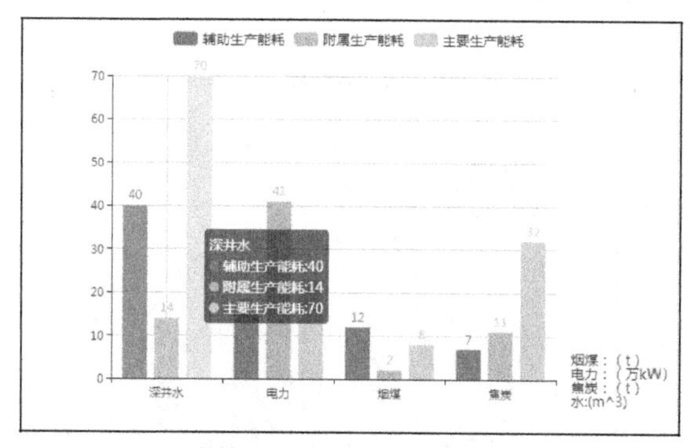

图 5-58　生产综合能耗

5.6.2　异常处理

异常处理模块目前上线的是示例页面，用于效果展示。图 5-59 所示为异常处理；图 5-60 所示为各月综合能耗。

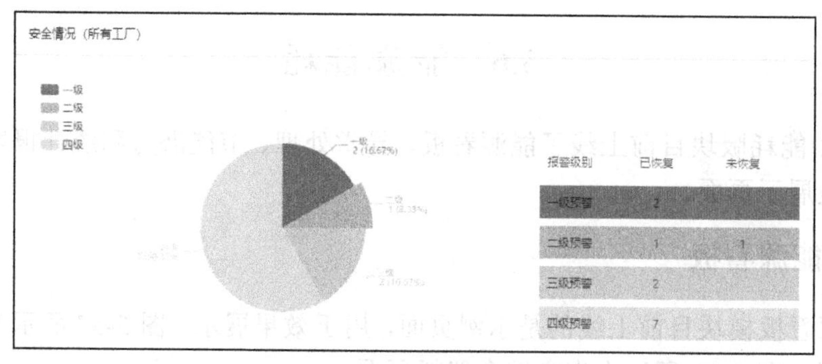

图 5-59　异常处理

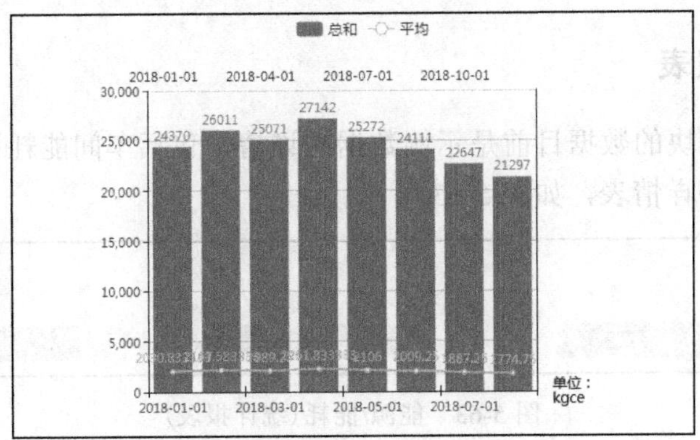

图 5-60　各月综合能耗

5.6.3　节能潜力

节能潜力模块目前为示例页面，用于效果展示。图 5-61 所示为节能潜力展示；图 5-62 所示为节能潜力分析。

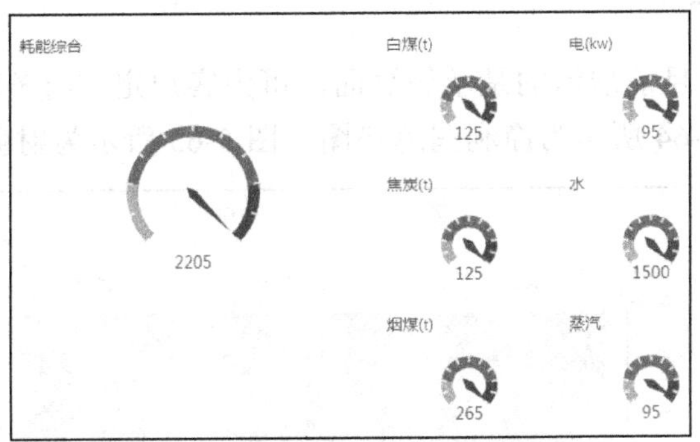

图 5-61　节能潜力展示

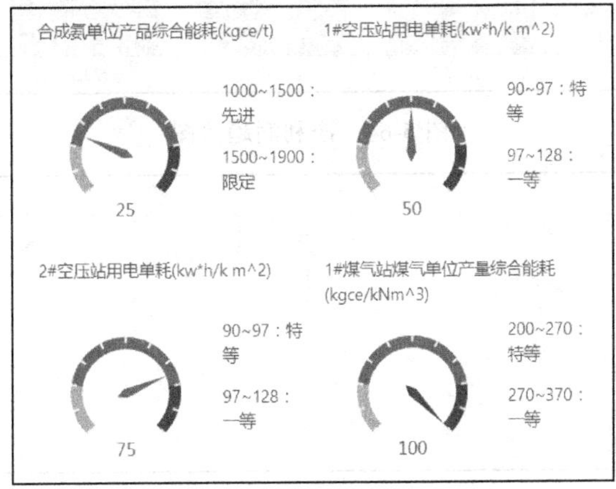

图 5-62　节能潜力分析

5.6.4　统计报表

统计报表模块的数据目前是示例数据的详情，包括车间能耗详情表、公司能耗详情表和预警详情表，如图 5-63 所示。

图 5-63　能源/能耗(统计报表)

5.7　财务/人力

财务/人力版块包含财务成本、人力资源、工资产出比等模块。

5.7.1　财务成本

财务成本模块目前展示的是示例页面，可为客户定制财务成本子业务、净利润趋势图等。图 5-64 所示为净利润趋势图；图 5-65 所示为财务成本详细表。

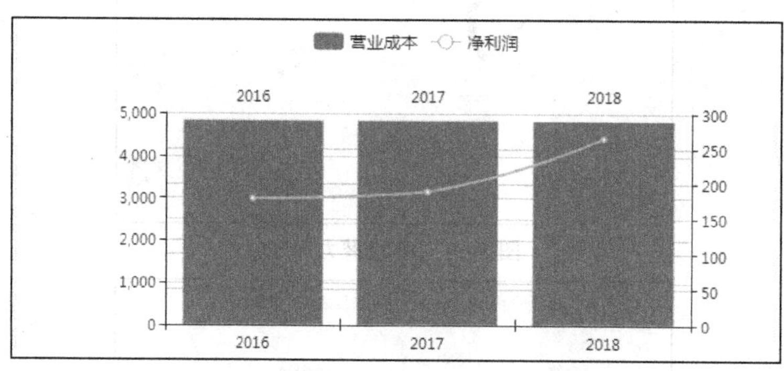

图 5-64　净利润趋势图

企业名称	股东权益	管理费用	净利润	流动资产	年度	其他费用	其他流动资产	其它利润	全部成本	所得税	现金有价证券	销售费用	销售收入	应收账款	营业成本	长期资产	资产总额
企业A	8046	106	265	27000	2018	0	0	0	5035	0	11000	106	5300	6000	4823	8000	35000
企业A	7248	105	189	25500	2017	0	0	0	5061	0	10500	126	5250	5500	4830	9000	34500
企业A	7248	105	179	24500	2016	0	0	0	5000	0	10500	126	5250	5500	4830	9000	33500

图 5-65　财务成本详细表

5.7.2 人力资源

人力资源模块展示的是示例数据，可为用户定制人力情况、性别结构等人力相关图表。图 5-66 所示为人力情况；图 5-67 所示为各公司员工统计。

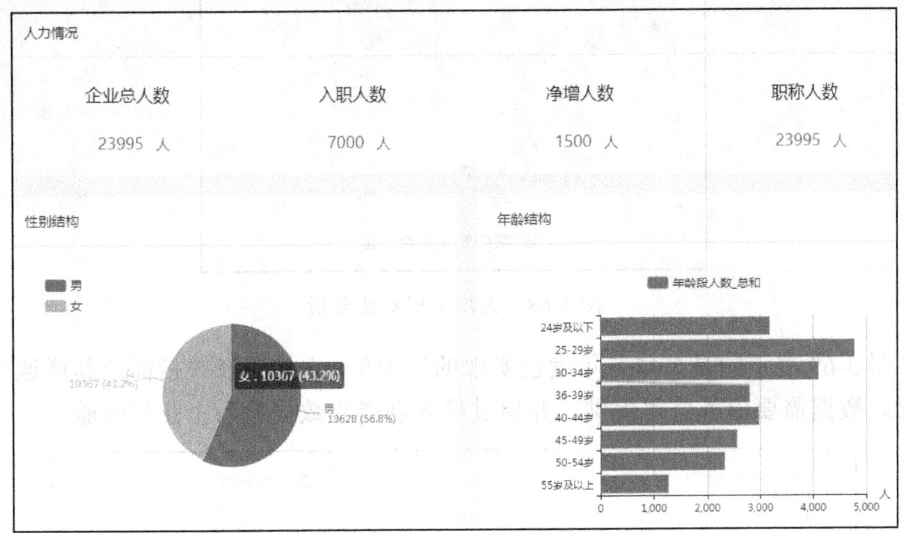

图 5-66 人力情况

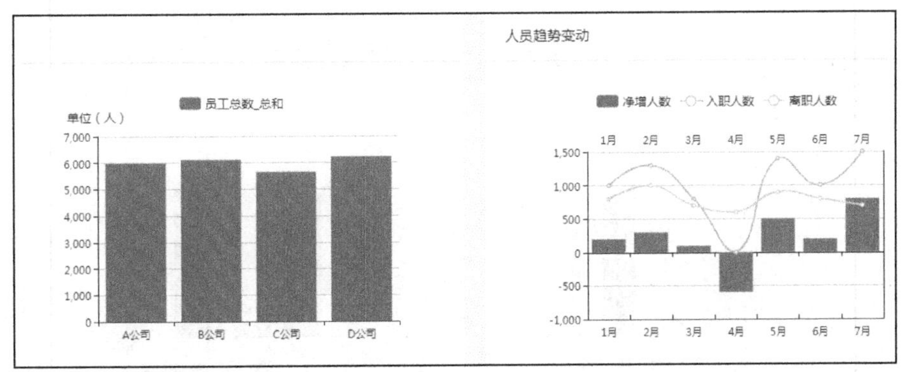

图 5-67 各公司员工统计

5.7.3 工资产出比

图 5-68 展示的是公司人均工资对比分析情况，可根据录入的规划数据，预测人均工资变化、全员劳动生产率增速。工资产出比变化等情况，引导企业适时调整战略规划。数据需要由各公司提供，并通过导入功能将数据导入企业驾驶舱。用户可以单击红框，跳转页面填报每月的工资产出比数据。

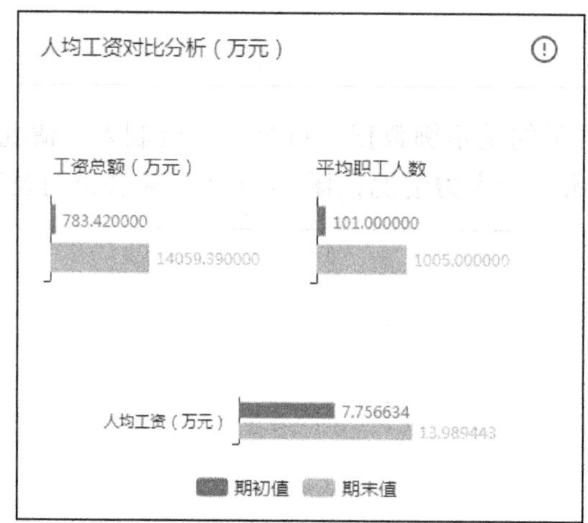

图 5-68　人均工资对比分析

图 5-69 展示的是公司各年度已实现的增加值、人均工资等指标及其增速变化情况。数据需要由各公司提供，并通过导入功能将数据导入企业驾驶舱。

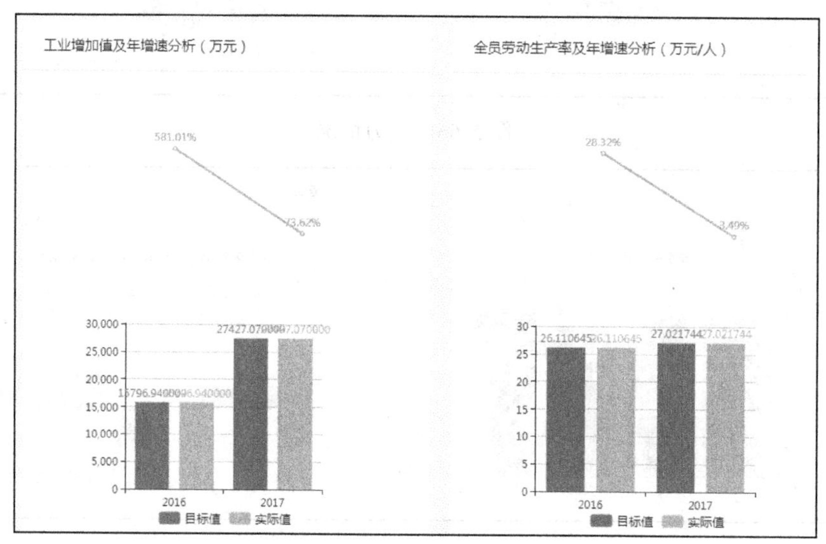

图 5-69　指标趋势分析

1. 说明

企业通过确定规划期末全员劳动生产率相对于期初值的倍数，设定完成时间段，根据人均工资、从业人员平均人数、产值增加值等指标，进行定期汇总、分析、监测，保证预期目标能够完成。

(1) $Y=C/X$

其中，C 是规划期末工资产出比目标值；X 是期初工资产出比；Y 是工资产出比常数(初定名称)。

(2) $A=Y\times Z$

其中，Z 是规划期末期望人均工资相对期初值的倍数；A 是规划期末全员劳动生产率相对于期初值的倍数。

(3) $(1+B)^n\geqslant A$，即 $B\geqslant A^{(1/n)}-1$

其中，B 是规模化全员劳动生产率复合年均增速；n 为时间，通常为统计间隔内包含的年数。

2. 填报页面数据指标

填报页面如图 5-70 所示。

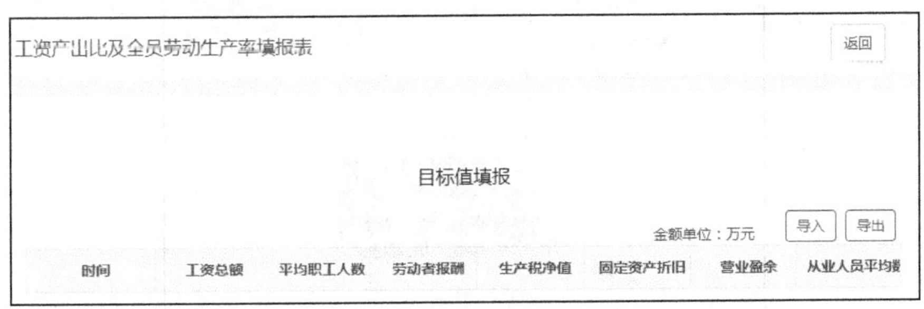

图 5-70 填报页面

时间为一个周期，每一行填写周期中每一年的数据指标计划值(如果周期中某年为历史年份，应直接历史实际数据)，可分别填写目标值和实际值。

3. 数据指标注释

(1) 工资总额：不包含劳动派遣人员的劳务费。

(2) 平均职工人数：不含劳务派遣人员，平均职工人数为 1～12 月各月末职工人数之和除以 12。

(3) 劳动者报酬：劳动者为企业提供服务获得的全部报酬(含劳务派遣费用)。劳动者报酬主要包括本年在成本费用中列支的工资(薪金)所得、职工福利费、社会保险费、公益金，以及其他各种费用中含有和列支的个人报酬部分。

(4) 生产税净额：国家对企业生产、销售产品和从事生产经营活动所征收的各种税金、附加和规费扣除生产补贴后的净额。扣除内容主要有：国家财政对企业的政策性亏损补贴、价格补贴和外贸企业的出口退税等生产补贴。

(5) 固定资产折旧：企业当年提取的固定资产折旧。

(6) 营业盈余：企业本年营业的利润加补贴。企业填报本指标时应按上报统计局同口径数据以现行价格计算填列。

(7) 从业人员平均数：含劳动派遣人员平均从业人数为 1～12 月各月末从业人数之和除以 12。

4. 展示页面数据指标

图 5-71 所示为展示页面数据（企业增加值分析）。

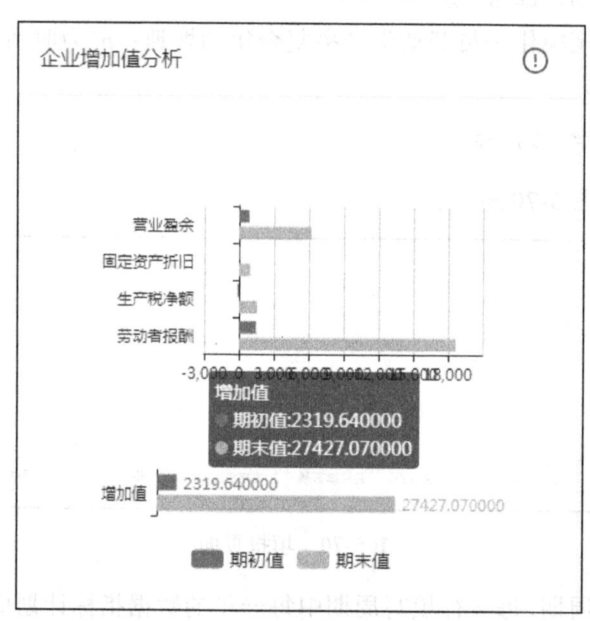

图 5-71　展示页面数据（企业增加值分析）

展示页面数据指标后的感叹号小图标是名词的注释和公式，鼠标悬浮在感叹号图标上即可查看，具体项目如下。

(1) 增加值：增加值=劳动者报酬+生产税净额+固定资产折旧+营业盈余。

(2) 期初增加值：期初增加值=期初劳动者报酬+期初生产税净额+期初固定资产折旧+期初营业盈余。

(3) 期末增加值：期末增加值=期末劳动者报酬+期末生产税净额+期末固定资产折旧+期末营业盈余。

(4) 人均工资（万元）：人均工资=工资总额/平均职工人数。

(5) 期初人均工资（万元）：期初人均工资=期初工资总额/期初平均职工人数。

(6) 期末人均工资（万元）：期末人均工资=期末工资总额/期末平均职工人数。

(7) 全员劳动生产率（万元）：全员劳动生产率=增加值/从业人员平均人数。

(8) 期初全员劳动生产率（万元）：期初全员劳动生产率=期初增加值/期初从业人员平均人数。

(9) 期末全员劳动生产率（万元）：期末全员劳动生产率=期末增加值/期末从业人员平均人数。

(10) 全员劳动生产率增长率：全员劳动生产率增长率= （期末全员劳动生产率–期初全员劳动生产率）/期初全员劳动生产率×100%。

(11) 全员劳动生产率复合年均增速：$B=A^{(1/n)}-1$（B 为全员劳动生产率复合年均增速，A 是期末全员劳动生产率相对于期初值的倍数，n 为整个规划的年数）。

(12) 全员劳动生产率倍数：全员劳动生产率倍数=期末全员劳动生产率/期初全员劳动生产率。

(13) 工资产出比：工资产出比=全员劳动生产率/人均工资。

(14) 人均工资增长率：人均工资增长率=（期末人均工资–期初人均工资）/期初人均工资×100%。

(15) 工资产出比增长率：工资产出比增长率=（期末工资产出比–期初工资产出比）/期初工资产出比×100%。

5.8 我 的 报 告

我的报告版块为用户提供与业务相关的所有原始数据字段，主要为需求发布数据集、采购数据集、销售数据集、云端营销数据集等作为数据源。用户可以“自助式分析”，选择想展示的数据，挑选想看的形式，制作分析图表，保存之后给大家看，也可以导出下载。

用户还可以导入自己的 Excel 数据，保存自己的数据集，在我的报告版块制作报告使用。用户可以对自己制作的报告设置权限，限制其他人查看报告。

进入“企业驾驶舱”页面，单击“我的报告”选项，可以看到有“创建数据集”“制作报告”“查看报告”“查看报告权限”四个选项。

5.8.1 创建数据集

在创建数据集模块，用户可以将线下的数据上传至此。自己的数据集根文件夹不可修改删除，数据集仅自己可见，界面如图 5-72 所示。

创建数据集操作流程如下：

1. 选择文件

鼠标指针放在图 5-72 新建数据集“Excel 数据集”图标上，可看到支持的数据文件格式，如图 5-73 所示。

单击“Excel 数据集”图标，跳转到“新建”界面。单击“上传”按钮，如图 5-74 所示。

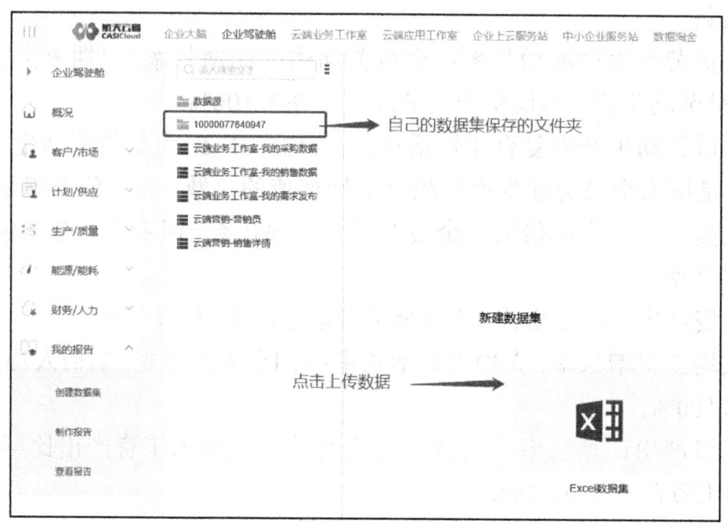

图 5-72　创建数据集

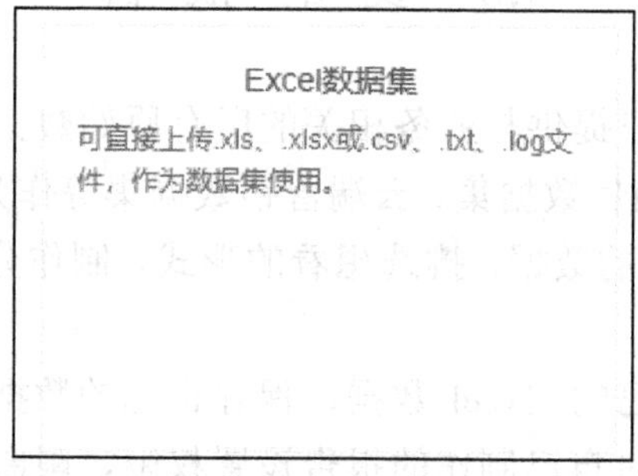

图 5-73　支持的数据文件格式

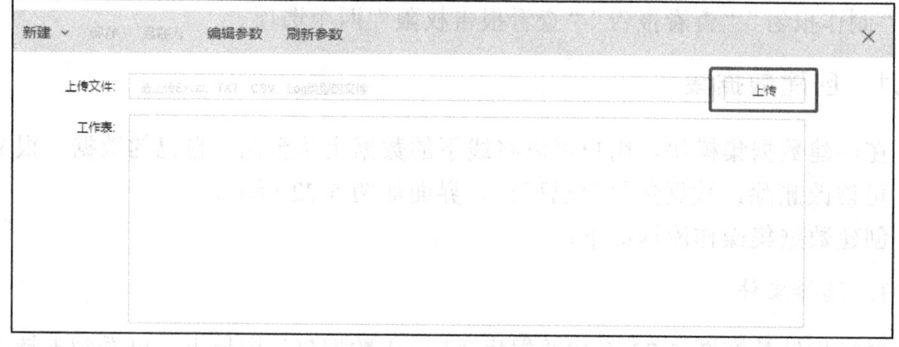

图 5-74　上传入口

2. 参数选择

在工作表右面的框中，展示文件含有的所有 Sheet，选择想上传的 Sheet，如图 5-75 所示。

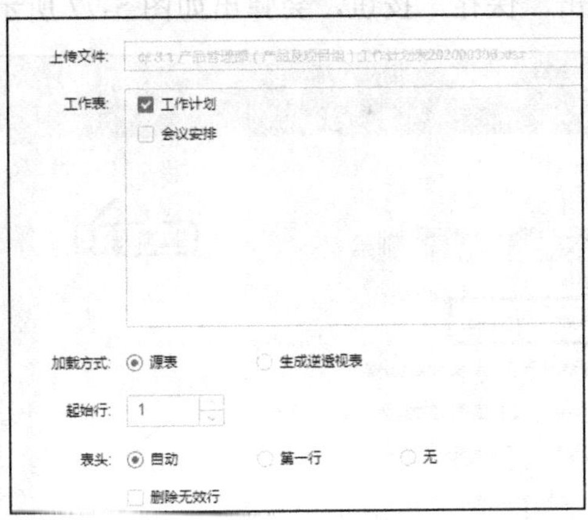

图 5-75　上传页面

在下方选择上传参数，选择数据从第几行起上传(起始行选择)，选择表头有几行。

然后单击右下角“刷新元数据”按钮，就可以预览自己的数据了。

转到下面的界面，元数据展示数据维度和度量情况，预览数据可以看到自己的数据。

数据后有设置按钮，可以进行修改数据类型等操作，如图 5-76 所示。

新建 ∨　保存　另存为　编辑参数　刷新参数

元数据　预览数据集

显示隐藏列　　全量数据　样本行数

名称	别名	数据类型	格式	可见性
维度				
Abc 备注		文本		
Abc 工作来源		文本		
Abc 工作内容		文本		
Abc 进展情况		文本		
Abc 列		文本		
Abc 完成状态 (下拉菜单)		文本		
Abc 需协调事宜		文本		
Abc 序号		文本		
Abc 要求 完成时限		文本		
Abc 预计完成时间		文本		
Abc 责任领导		文本		
Abc 责任人		文本		
度量				

图 5-76　选择上传参数

最后单击“保存”按钮就可以保存自己的数据集了。

3. 保存数据集

上一个界面，单击“保存”按钮，会弹出如图 5-77 所示窗口。

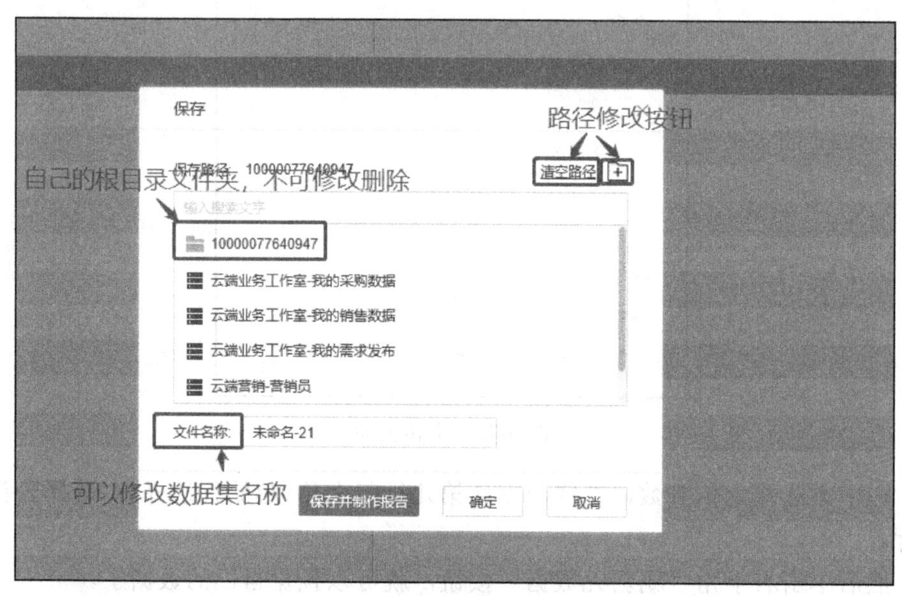

图 5-77　保存数据集

保存数据集前记得选择保存路径，修改数据集名称。然后单击“保存并制作报告”按钮或者“确定”按钮，保存数据集。

4. 查看修改数据集

自己的数据集根文件夹不可修改或删除，数据集仅自己可见。单击相应的数据集图标可以打开文件夹，看到里面已保存的数据集。文件夹名字和数据集名称后有设置按钮(三横短线)，可以进行重命名等设置。

数据集有单独的预览数据集按钮(放大镜)，单击可以预览数据集。单击数据集可以查看数据集，并对其进行修改，如图 5-78 所示。

需要注意的是，如果数据集已生成报告，修改数据集可能会影响到已生成的报告。

5.8.2 制作报告

用户可以“自助式分析”，选择想展示的数据，挑选想看的形式，制作分析图表。

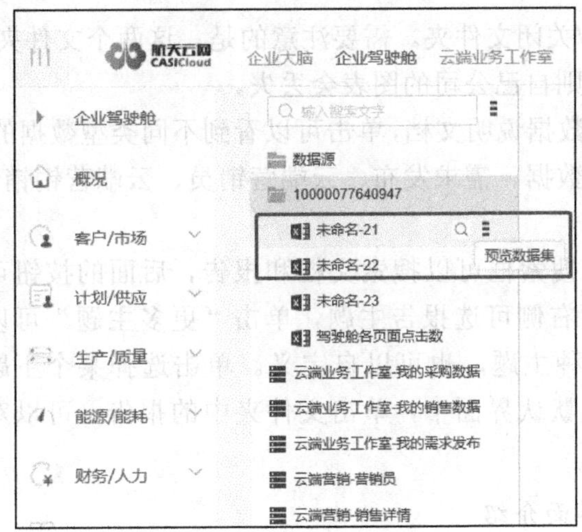

图 5-78　查看修改数据集

1. 默认界面介绍

在默认界面中，单击“制作报告”按钮，可以看到纵列两栏的布局，左边是文件夹选择的工作区，右边是报告展示窗，如图 5-79 所示。

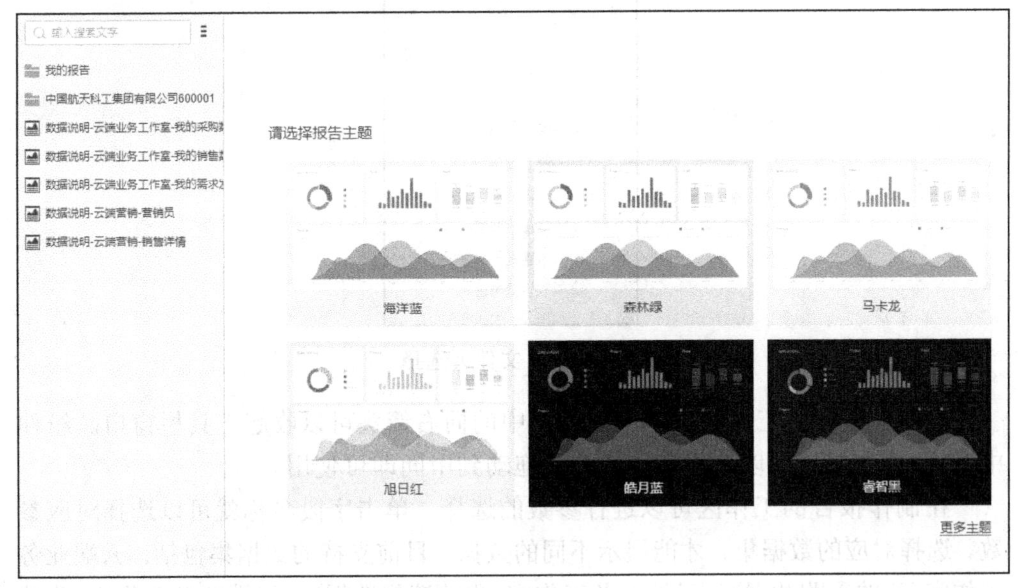

图 5-79　默认界面

默认界面有两个文件夹，名称分别是“我的报告”和自己公司名称+企业 ID。鼠标放上去可以单击“三个点”按钮进行重命名、新建、复制、移动、删除等操作。双击可以打开/关闭文件夹。需要注意的是，这两个文件夹千万不可以删除、重命名或移动，否则自己公司的图表会丢失。

文件夹下方有数据说明文档，单击可以看到不同类型数据的指标解释和示例，有采购数据、销售数据、需求发布、云端营销员、云端营销销售详情等不同类别数据的解释。

文件夹上方的搜索框可以搜索文档和报告，后面的按钮可以新建文件夹和刷新页面。文件夹右侧可选报告主题，单击“更多主题”可以选择更多主题样式，系统预置 10 种主题，也可以自定义。单击选择某个主题，就进入制作报告页面。制作报告默认界面中，单击文件夹中的报告，可以对已有的报告进行修改。

2. 制作报告界面介绍

在制作报告界面，可以看到纵列栏的布局，左边是文件夹的选择，如图 5-80 所示；右边是各功能组件，上方是一些设置按钮；中间是展示的图表，如图 5-81 所示。

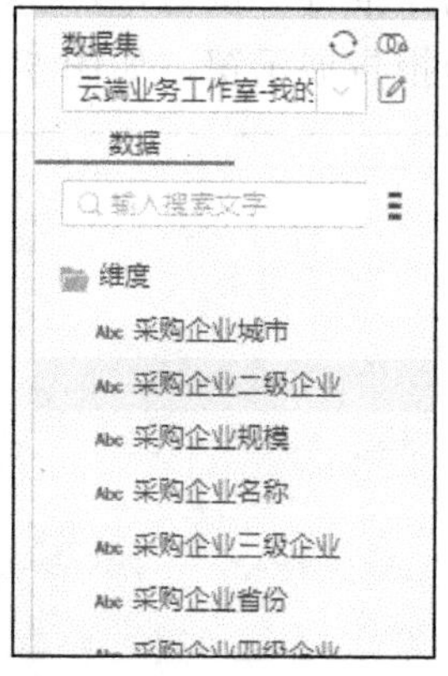

图 5-80　文件夹选择

在制作报告的工具栏，单击小红框中的向右箭头可以收起工具栏窗口。组件中有 40 余个图表可以选择，点选按住拖动到中间即可使用。

在制作报告的工作区可以进行参数的选择，单击字段名称就可以选择对应参数。选择对应的数据集，才能展示不同的数据。目前支持的数据集包括：云端业务工作室(我的采购数据)、云端业务工作室(我的销售数据)、云端业务工作室(我的需求发布)、云端营销(营销员)、云端营销(销售详情)以及用户自己上传的数据集，如图 5-82 所示。

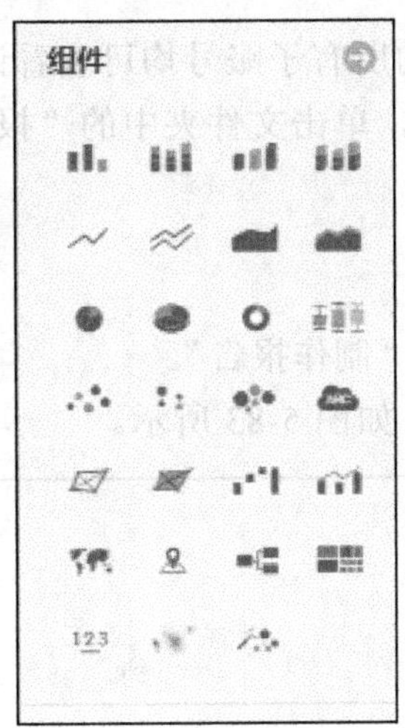

图 5-81 各功能组件

图 5-82 中的报告设置按钮，从左到右依次是：“新建”“保存”“另存为”“撤销”“重做”“报告设置”“编辑参数”“刷新参数”“页面设置”“更多”，最右侧是“预览”和“关闭”。

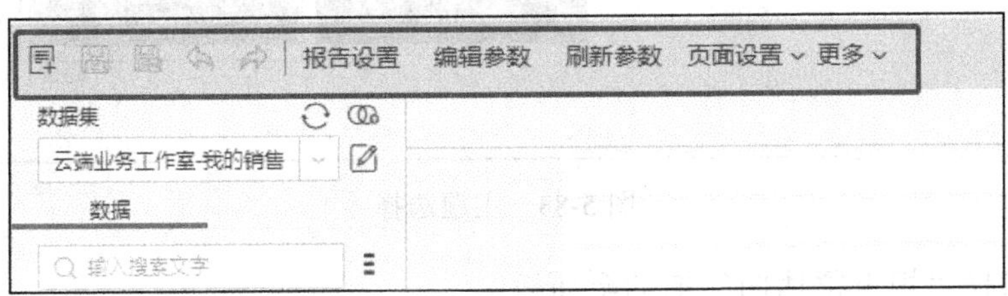

图 5-82 报告设置按钮

制作报告界面的图表上方是图表具体的参数，以及 X 轴、Y 轴和对应组织图的具体参数展示，可以拖动调整展示纬度，面积最大的中间位置，展示正在做的图表。

3. 注意事项

(1) 默认有两个文件夹，名称分别是“我的报告”和自己公司名称+企业 ID。这两个文件夹不可以删除、重命名和移动，否则自己公司的图表会丢失。

(2) 用户在这两个文件夹下新建自己的图表就可以，自己新建的子文件夹，可以删除、重命名和移动。

(3) 将图表保存到“我的报告”文件夹中，报告为私有，只有制作报告的账号登录才能看到。将图表保存到以公司命名的文件夹中，报告公布到公司，报告权限设置后，该公司下有权限的所有子账号均可查看该报告。

(4) 制作报告默认界面中，单击文件夹中的“报告”，可以对已有的报告进行修改。

4. 制作范例

(1) 单击“我的报告”→“制作报告”。

(2) 选择主题“睿智黑”，如图 5-83 所示。

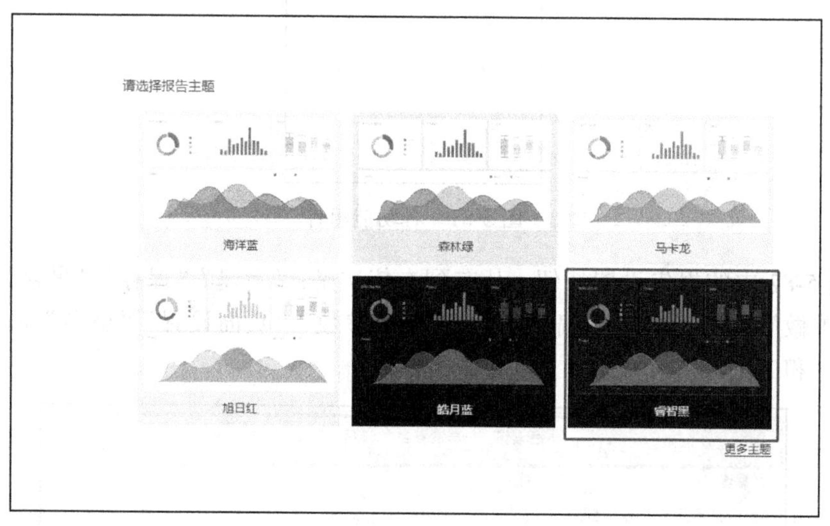

图 5-83　主题选择

(3) 选择“填充雷达图”拖动至面板。

(4) 选择“能力/产品分类”数据拖动至 X 轴(可以选择不同的数据集，默认选中的数据集是我的销售数据，图 5-84 中左列上方可以选择)。

(5) 选择“销售金额”数据拖动至 Y 轴，制作报告功能展示如图 5-84 所示(可以选择不同的数据集，但应和 X 轴的数据同一数据集。图 5-84 中左列上方可以选择)。

注意：上面的示例中，我们只拖动了一个雷达图在面板中，实际操作的时候，可以使用多个图表进行结合，效果更加直观。例如，我们再选择拖动进一个“树状过滤表”，选择一样的参数，如图 5-85 所示。

(6) 单击“报告设置”，在弹出的对话框中选择“自由布局”，单击“确定”按钮。

(7) 单击下面板图表，会出现一个方框，鼠标放在四角，变成“双箭头”，可按住鼠标左键自由拖动调整图表尺寸，如图 5-86 所示。

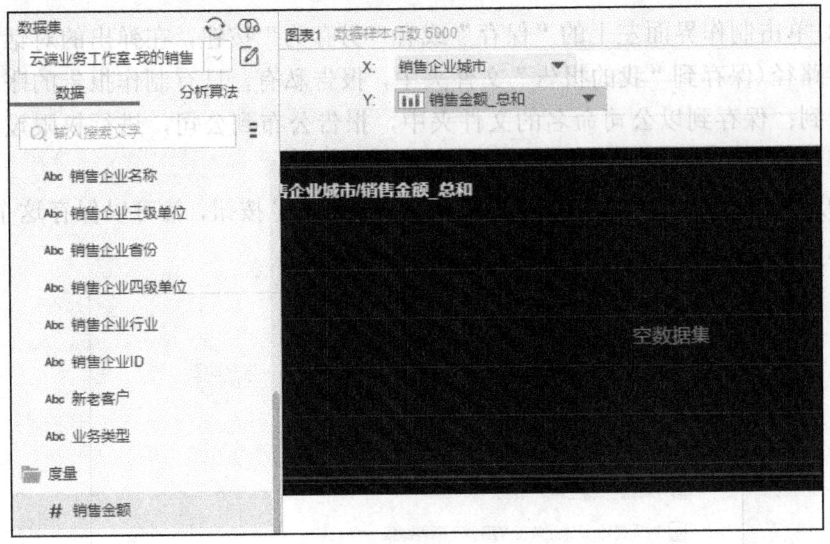

图 5-84 制作报告功能展示

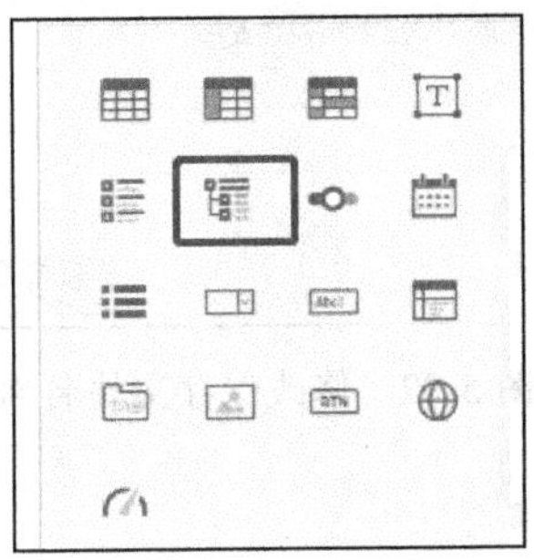

图 5-85 树状过滤表展示

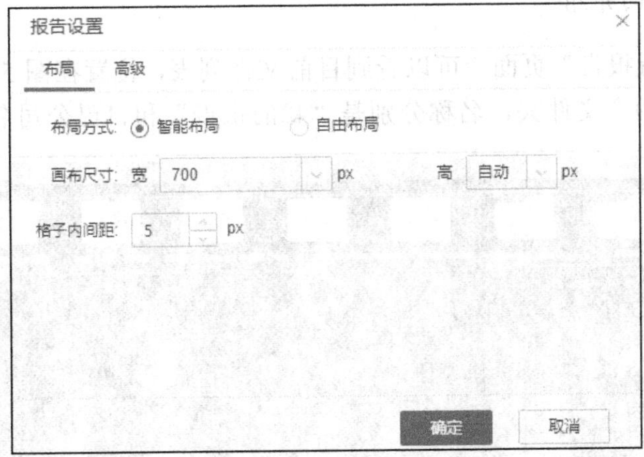

图 5-86 调整图表尺寸

(8) 单击制作界面左上的“保存”或者“另存为”按钮，在弹出的对话框中选择保存路径(保存到“我的报告”文件夹中，报告私有，只有制作报告的账号登录才能看到；保存到以公司命名的文件夹中，报告公布到公司，进行权限设置后，该公司下有权限的所有子账号均可查看该报告)。

(9) 可以修改保存文件名称，确定后单击“保存”按钮，就可以保存这个设置，查看此图表了。修改保存文件名称如图 5-87 所示。

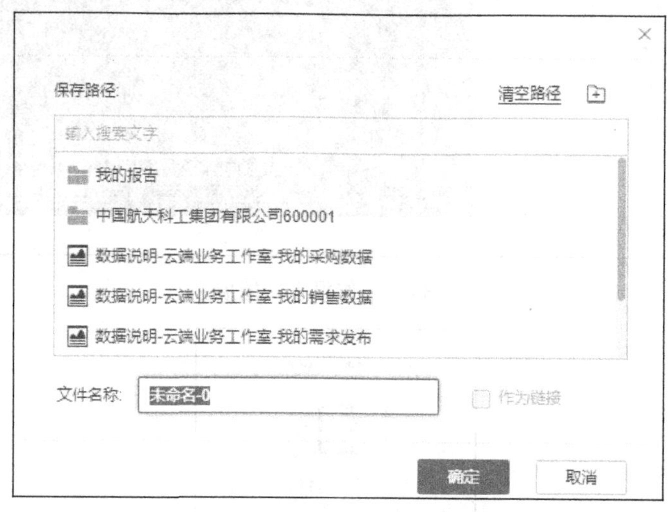

图 5-87　修改保存文件名称

5.8.3　查看报告

1. 默认界面介绍

进入“查看报告”页面，可以看到目前文件列表，位置在图 5-88 中 1 处。报告页面默认有两个文件夹，名称分别是“我的报告”和自己公司名称+企业 ID。

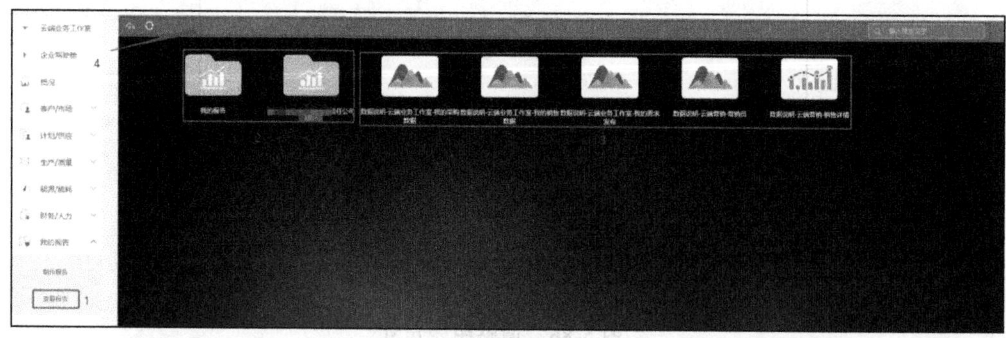

图 5-88　默认界面

双击可查看文件夹内已经制作好的图表，位置在图 5-88 中 2 处。文件夹右面为数据说明文档，单击文档可以看到不同类型数据的指标解释和示例，位置在图 5-88 中 3 处。文件夹上面为操作条，右侧是搜索框，可以搜索文档和报告；左侧从左到右依次是“返回上一级”按钮和“刷新”按钮，位置在图 5-88 中 4 处。

2. 查看范例

上面制作范例时，将图表保存在公司文件夹中，单击公司默认文件夹，可以看到两个图表。单击查看我们创建的“能力分类”图表，查看刚制作的图表，如图 5-89 所示。

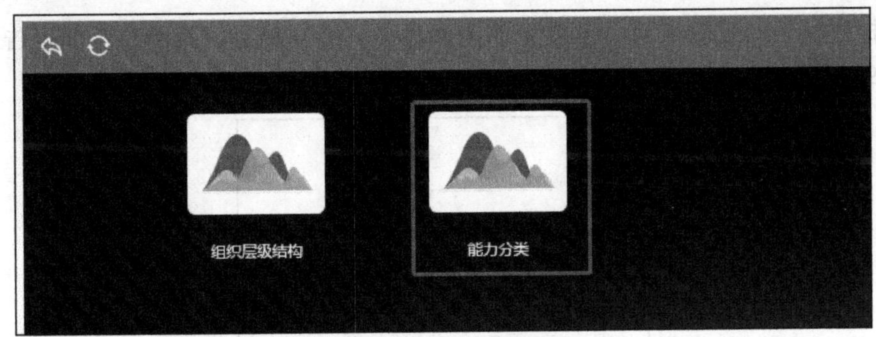

图 5-89 查看报告

鼠标指针上移到边缘可以看到操作条，从左到右依次是“撤销”“重做”“刷新数据”“清除笔刷”“发送邮件”“订阅”“输出”“输出布局”和最右边的“关闭”按钮，输出支持 pdf、xls/xlsx、doc/docx、png、csv 五种格式文件。

图表内部右上角有四个按钮，从左到右依次是“编辑组件”“缩放”“笔刷”和“详细数据”，如图 5-90 所示。

图 5-90 四个按钮

“编辑组件”可以调整目前图表坐标轴、图表数据等展示。“缩放”可以调整图表展示的颗粒度，当单击“缩放”按钮，图中的网格会稀疏一些。“笔刷”在有多个表格时可用，选中某数据，图表会对应高亮显示。

表格的右上角有“排序”“查找”等按钮，功能和企业驾驶舱其他模块表格的表头比较一致，如图 5-91 所示。

图 5-91　排序、查找等功能

5.8.4　查看报告权限

报告权限的设置很简单，首先单击文件夹，展开报告，找到自己的报告，如图 5-92 所示。

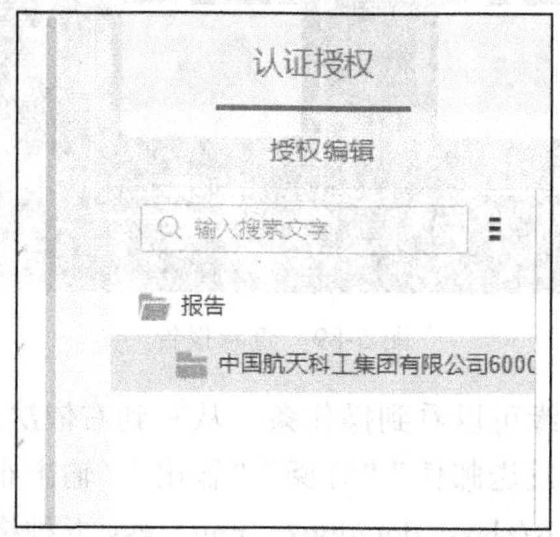

图 5-92　报告权限的设置

单击报告名称，右侧的设置窗口会展示该报告目前的权限设置情况。单击“编辑”按钮设置权限，如图 5-93 所示。需要分享报告给哪位同事看，在他名字前打勾保存即可；需要当页全选，表头打勾即可，目前只允许设置读权限，如图 5-94 所示。

图 5-93　设置权限

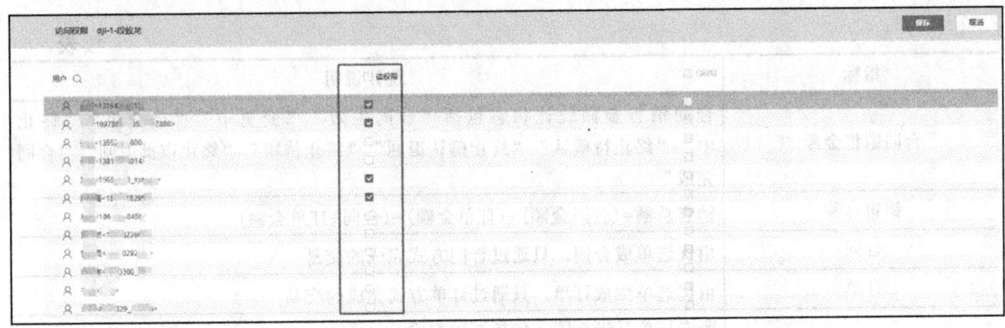

图 5-94 分享报告

保存完毕我们就能看到这个图表报告目前的权限设置了，如图 5-95 所示。

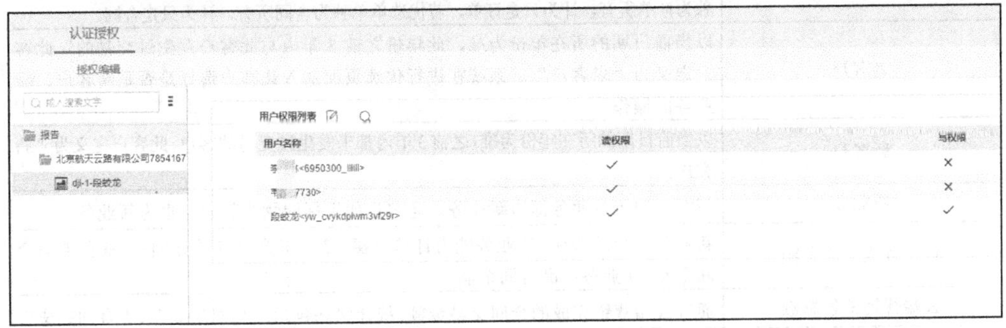

图 5-95 查看权限设置

5.9 数据指标解释与常见问题

从用户反馈中，我们提炼了用户提问比较多的指标名词和常见问题，在此罗列，方便用户使用。

5.9.1 常见数据指标名词解释

企业驾驶舱部分指标比较难理解，本节罗列了绝大多数的指标，方便用户查阅。常见数据指标名词解释见表 5-1。

表 5-1 常见数据指标名词解释

指标	统计说明
销售业务类型	采购商发布需求时选择的分类或者供应商发布产品和能力时选择的分类
订单销售金额	订单销售金额统计状态包括“已完成”“待评价”

续表

指标	统计说明
合同销售金额	合同销售金额统计状态包括“合同生效”“变更中”“已变更”“终止中”“终止待确认”“终止确认退回”“终止待审”“终止审批退回”“合同完成”
销售总额	销售总额=(合同金额)+(订单金额)+(合同+订单金额)
合同	由优选单成合同，只通过合同方式完成的交易
订单	由优选单生成订单，只通过订单方式完成的交易
订单+合同	既走订单又走合同。包括 2 种方式： 方式 1：先由优选单(优选单数量≥1)生成订单，再由订单生成合同； 方式 2：由优选单(优选单数量≥1)生成订单，也由优选单(优选单数量≥1)生成合同。两者优选单中共同的部分计为既走订单又走合同，优选单不同的部分中，若优选单单独为订单所有，计为只走订单，若优选单单独为合同所有，计为只走合同
老客户	以当前日期的所在年份为准，此年份之前 3 年内与此客户发生过交易的，此客户定义为“老客户”。系统在进行优选页面加入让客户选择是否是新客户、新业务的操作
新客户	以当前日期的所在年份为准，之前3年内都未发生过交易的客户，此客户定义为“新客户”
新业务	新客户的所有业务都为新业务。老客户如果标的物为新的，也为新业务
新业务成交总金额	新业务成交总金额=新业务能力订单金额+新业务产品订单金额+新业务能力合同金额+新业务产品合同金额
云端营销销售总额	通过云端营销完成的合同交易金额，统计状态包括“合同生效”、“合同完成”
销售辐射省份	客户所在地分布的省(区、市)总数
平均配套里程	配套里程为公司和客户所在地的直线距离。平均配套里程为公司和所有客户配套里程的平均值
客单价	客户平均每单交易的金额
能力发布数量	发布能力需求的数量。询价统计状态包括“询价中”“已优选”“已下单”“已关闭”
能力应标数量	该企业响应 INDICS 平台上已发布的需求的次数，统计状态“已报价”
能力中标数量	该企业响应 INDICS 平台上已发布的需求并且最后中标的次数，统计状态为“已下单”
产品发布数量	发布产品需求数量。询价统计状态包括“询价中”“已优选”“已下单”“已关闭”
采购需求金额	采购需求金额=外协发布需求金额+外购发布需求金额。统计状态为已发布成功的外协和外购需求
采购需求条数	采购需求条数=外协需求发布条数+外购需求发布条数。统计状态为已发布成功的外协和外购需求
采购总成交金额	采购总额包括需求发布成交和直接采购成交。订单采购统计状态包括“已完成”“待评价”，合同采购统计状态包括“合同生效”“变更中”“已变更”“终止中”“终止待确认”“终止确认退回”“终止待审”“终止审批退回”“合同完成”
需求成交率	需求成交率=需求成交总金额/需求发布总金额

续表

指标	统计说明
外协发布数量	发布外协需求的条数。询价统计状态包括“询价中”“已优选”“已下单”“已关闭”
外协被响应数量	已报价即为被响应。询价统计状态为“已报价”
外协发布金额	发布外协需求的金额。需求统计状态包括“询价中”“已优选”“已下单”“已关闭”
外协全网发布金额	外协需求在发布时选择“全网发布”。需求统计状态包括“询价中”“已优选”“已下单”“已关闭”
外协定向发布金额	外协需求在发布时选择“定向发布”。需求统计状态包括“询价中”“已优选”“已下单”“已关闭”
发布总金额	包括外协外购的所有需求金额。需求计状态包括“询价中”“已优选”“已下单”“已关闭”
外协订单采购金额	在计划供应的统计报表中，外协订单采购金额包括由优选生成订单的采购金额和由优选生成订单，订单再生成合同的采购金额。订单采购统计状态包括“已完成”“待评价”
外协合同采购金额	在计划供应的统计报表中，外协合同采购金额包括由优选生成合同的采购金额，不包括由优选生成订单，订单再生成合同的采购金额。合同采购统计状态包括“合同生效”“变更中”“已变更”“终止中”“终止待确认”“终止确认退回”“终止待审”“终止审批退回”“合同完成”
设备开机率	开机率=开机时长/24h
设备运行率	运行率=运行时长/24h
设备开机有效使用率	开机有效使用率=运行时长/开机时长
设备故障率	故障率=故障时长/24h
月累计时长	设备一个月累积工作时长
月平均效率	设备一个月工作效率的平均水平
开机时长(总和)	设备一个月累积开机时长
运行时长(总和)	设备一个月累积运行时长
运行有效时长(总和)	设备一个月累积运行时长
故障时长(总和)	设备一个月累积故障时长
工资总额	不包含劳动派遣人员的劳务费
平均职工人数	不含劳务派遣人员，平均职工人数=(1～12月各月末职工总人数)/12
劳动者报酬	劳动者为企业提供服务获得的全部报酬(含劳务派遣费用)。主要包括本年在成本费用中列支的工资(薪金)所得、职工福利费、社会保险费、公益金以及其他各种费用中含有和列支的个人报酬部分
生产税净额	国家对企业生产、销售产品和从事生产经营活动所征收的各种税金、附加和规费扣除生产补贴后的净额。扣除内容主要有：国家财政对企业的政策性亏损补贴、价格补贴和外贸企业的出口退税等生产补贴
固定资产折旧	企业当年提取的固定资产折旧
营业盈余	企业本年营业的利润加补贴。企业填报本指标时应按上报统计局同口径数据以现行价格计算填列
从业人员平均数	含劳动派遣人员平均从业人数=(1～12月各月末从业总人数)/12
增加值	增加值=劳动者报酬+生产税净额+固定资产折旧+营业盈余

续表

指标	统计说明
期初增加值	期初增加值=期初劳动者报酬+期初生产税净额+期初固定资产折旧+期初营业盈余
期末增加值	期末增加值=期末劳动者报酬+期末生产税净额+期末固定资产折旧+期末营业盈余
人均工资(万元)	人均工资=工资总额/平均职工人数
期初人均工资(万元)	期初人均工资=期初工资总额/期初平均职工人数
期末人均工资(万元)	期末人均工资=期末工资总额/期末平均职工人数
全员劳动生产率(万元)	增加值/从业人员平均人数
期初全员劳动生产率(万元)	期初增加值/期初从业人员平均人数
期末全员劳动生产率(万元)	期末增加值/期末从业人员平均人数
全员劳动生产率增长率	(期末全员劳动生产率–期初全员劳动生产率)/期初全员劳动生产率×100%
全员劳动生产率复合年均增速	$B=A^{(1/n)}-1$(B 为全员劳动生产率复合年均增速，A 为全员劳动生产率倍数，n 为整个规划的年数)
全员劳动生产率倍数	全员劳动生产率倍数=期末全员劳动生产率/期初全员劳动生产率
工资产出比	工资产出比=全员劳动生产率/人均工资
人均工资增长率	(期末人均工资–期初人均工资)/期初人均工资×100%
工资产出比增长率	(期末工资产出比–期初工资产出比)/期初工资产出比×100%
云端营销名词	
二级单位	集团内部各二级单位
三级单位	集团内部各二级单位的下级单位
云端营销人员注册数	云端营销人员注册数=年薪制营销员+内设机构负责人+专职营销员+普通营销员
年薪制营销员	公司领导申请的营销员为年薪制营销员
内设机构负责人	非法人单位的负责人
专职营销员	销售职位员工申请的营销员为专职营销员
普通营销员	除领导和销售外的其他员工申请的营销员为普通营销员
产品总数	发布的云端营销总产品数，包括货源中心在线产品和下线产品。数据来源为云端营销库
货源中心在线产品数	货源中心在线的产品数量
成交笔数	计入统计的云端营销合同(1. 甲方为集团外，乙方为集团内，营销员为集团内。2. 合同状态为完成和生效。3. 排除甲方为假企业的数据。4. 重复合同仅统计一次。5. 排除用户要求不统计合同)
2019 成交笔数	成交合同中合同创建时间为 2019 年的合同
成交金额	计入统计的云端营销合同金额
2019 合同金额(万元)	2019 年计入统计的云端营销合同金额
累计按兑付标准计算出的提成金金额(万元)	计入统计后按兑付标准计算出应兑付的金额
累计具备兑付条件的提成金金额(万元)	生成兑付单，状态为完成的兑付金额

续表

指标	统计说明
累计实际发放至营销员账户的提成金金额(万元)	营销员角色在系统中确认收款的金额
社会化系数	营销员非乙方单位的金额占总金额的比例
2019 社会化系数	2019 年营销员非乙方单位的金额占总金额的比例
云端营销已收款	云端营销合同中生效和完成的合同，销售方确认收款金额的总额
云端营销合同违约率	云端营销合同违约率=违约的合同数量/云端营销平台所有签订的成交合同数量

5.9.2 常见问题

1. 企业驾驶舱能看哪些数据？

企业驾驶舱能看到企业在 INDICS 平台上的销售和采购数据，也可以看到参与平台智能化改造接入的数据。用户可以深度定制自己想看到的能源/能耗、财务/人力、生产/质量数据，还可以接入自己的其他系统，就可以在企业驾驶舱看到相应的数据。

同时，用户可以自己上传自己的数据文件进行分析处理及查看。

2. 使用企业驾驶舱查看数据需要注意什么？

一般用户在查看展示页面的数据时，需要注意选择公司、时间、分类等项目，页面数据才会有相应的展示，部分数据需要自行填写。另外，用户只可以看自己公司和下属公司的数据。

3. 专有云平台的交易数据是否会接入企业驾驶舱？

目前企业驾驶舱数据来源主要是 INDICS 平台，并有部分用户自己导入的数据，根据用户具体需求可以接入用户自己数据平台的数据，后续会根据用户需求和现实条件考虑能否接入专有云平台的数据。

4. 来源于 INDICS 平台的数据不是公司全部的交易数据，数据不齐全导致分析不全面怎么办？

目前企业驾驶舱已经具备上线数据导入功能，允许用户在“我的报告→创建数据集”页面导入非 INDICS 平台的所有交易数据，可以在“我的报告→制作报告”页面中分析。

5. 财务/人力-工资产出比填报数据的期初时间一定要是每年的 1 月 1 日吗？期末时间一定为每年的 12 月 31 日吗？

为填写规范和统计口径统一，我们建议每年的期初时间为 1 月 1 日，期末时间为 12 月 31 日，但根据用户实际情况，如果是某一年的 2 月 3 日公司才建立，填写期初时间为 2 月 3 日是可以的，期末时间同理。

6. 工资产出比有些期初数据，如果没有，空着还是填 0?

工资产出比填报数据要求真实准确，对于历史数据必须按照真实情况填写，除了“平均职工人数”“从业人员平均人数”“人均工资”“增加值总和”不能为 0，其他数据根据真实情况可以为 0。

7. 如果公司是今年刚建立的，工资产出比很多期初数据确实为 0，包括“平均职工人数”“从业人员平均人数”“人均工资”等指标数据，该怎么填写?

这种情况下，该年的历史数据无法填写，但是用户可以从第二年开始做一个周期的规划，工资产出比页面的填报数据原本就是用来规划的，填报的数据都是规划数据。

8. 工资产出比填报数据有问题，能否清空?

可以。上传人要对自己的数据负责，工资产出比填报的数据在每次导入表格时会自动替换上一次的数据，若数据有问题可以通过导入表格数据替换，如果导入的表格为模板的空表，则会将当前的数据清空。

9. 企业驾驶舱里云端业务销售数据是云端营销还是整个 INDICS 平台的对外销售数据?

具体的区分标准以数据标题名称是否包含“云端营销”字段为准，即包括“云端营销”字段的标题名称下的数据只是云端营销的数据，其他所有不包括“云端营销”字段的标题名称下的数据是 INDICS 平台的所有交易数据。

10. 企业驾驶舱中，计划供应概况页中的采购成交情况页面数据和供应链计划中的采购成交情况数据为什么不同呢?

概况页中所显示的采购总成交是包括询价成交和不经过询价的直接成交，而供应链计划中显示的是询价的成交，两个地方统计的数据并不同。查看数据的时候需要注意两个指标的差别在于有没有“需求”两个字。

11. 企业驾驶舱中我的报告模块有什么用?

这个模块将为用户提供与业务相关的所有原始数据字段，主要以需求发布数据集、采购数据集、销售数据集、云端营销数据集等作为数据源。用户可以“自助式分析”，选择想展示的数据，挑选想看的形式，制作分析图表，保存之后给大家看，也可以导出下载。

用户也可以自己上传自己的线下 Excel 数据，使用制作报告功能处理数据。

12. 企业驾驶舱中我的报告和创建数据集都有两个文件夹，能修改吗？能删除吗？应该怎么操作？

“我的报告”默认有两个文件夹，名称分别是“我的报告”和自己公司名称+企业ID。

创建数据集默认有两个文件夹，名称分别是“数据源”和“自己私有的文件夹”。用户在这两个文件夹下新建自己的图表就可以，自己新建的子文件夹可以删除、重命名和移动。

13. 企业驾驶舱中我的报告图表放在“我的报告”和放在公司的报告有什么区别？

保存到“我的报告”文件夹中，报告为私有，只有制作报告的账号登录才能看到。

保存到以公司命名的文件夹中，报告公布到公司，该公司的所有子账号均可查看该报告，并在制作报告中编辑该报告。

第6章 应用实例

随着企业的信息化能力越来越强，企业驾驶舱对他们而言已不仅仅是数据展现的工具，企业驾驶舱必须能够与企业的业务流程相联系，做企业随需随用的“战略军师”，为企业经营管理层打造一个虚拟的办公场景。企业驾驶舱的研发与应用顺应了企业的发展趋势，能够提高企业的市场反应能力，适应市场的快速变化，有利于提高企业的综合竞争力，带来良好的社会效益。本章将对企业驾驶舱的实际应用场景进行说明，并介绍两个成功实例。

6.1 应用场景

构建数据查询与展现发布平台可以将客户数据、产品数据、运营数据、营销数据、生产设备数据、能耗数据、财务数据、人力资源数据等企业数据快速发布成图表形式，并提供逐层细化的钻取分析及异常关键指标预警，将采集的数据直观化、具体化，方便钻取查询及向上级汇报。

企业驾驶舱提供基于智能生成模式并辅助人工整理的报表平台与报告平台，支持更深度和更完善的数据分析与业务管理应用。其核心是使用报告库的模板和数据算法，并辅助人工整理，自动生成各种所需的分析报表报告，极大地帮助各层级的企业在业务中节约劳动成本，提高工作效率。同时，系统还提供上传报告、上传报表功能，保留了人工分析报告、报表的优点，提供统一的上传、查询、浏览、下载的平台。提供管理层批注功能，管理层可以根据报告和报表的情况发表自己的看法，并可授权查看人。企业驾驶舱有助于解决包括集团公司及所属企业在内的众多企业提出的报表过多、耗费人力、数出多门、口径各异、重复采集、环节过多等问题。

企业驾驶舱可以提供企业各层次的数据信息综合展示服务，如战略规划、市场规划以及战略管理地图、风险指标预警、关键业务分析、重要指标监控、战略分析、综合经济信息、动态经营分析等，为企业经营决策层提供经营决策辅助参照。

企业驾驶舱根据具体应用场景将提供三种版本：Web版、大屏版和移动端版本。

1) Web版

Web版企业驾驶舱主要通过传统B/S方式访问指标数据，企业经营管理层通过浏览器接口访问系统，实现任意地点的远程访问和管理企业。

2) 大屏版

大屏版企业驾驶舱在界面设计和功能等方面与 Web 版类似，主要区别在于可以提供穿透各个管理层级的直接视频连线，对现场直接指挥。PC 端概况页设计如图 6-1 所示。

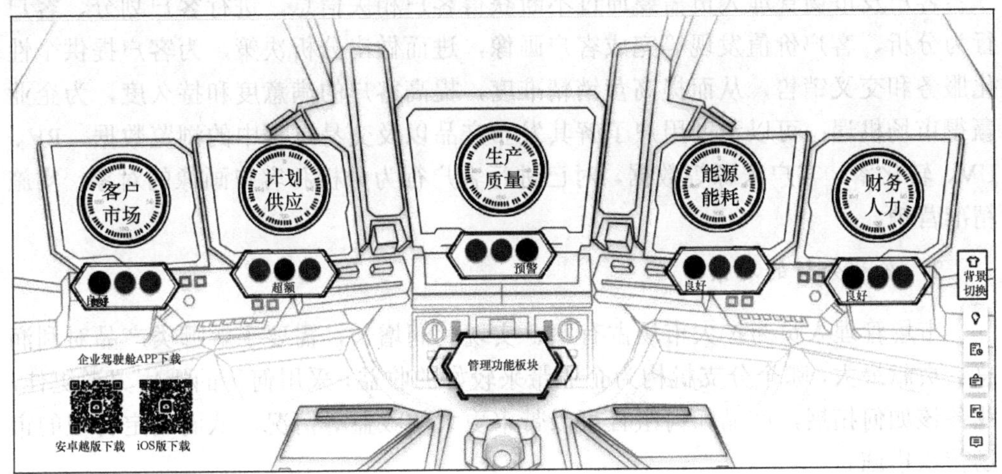

图 6-1　PC 端概况页设计图

3) 移动端版本

移动版方便企业管理层在任何场合、任何时间随时查看企业运行数据，及时接收预警通知。移动端客户市场概况页如图 6-2 所示。

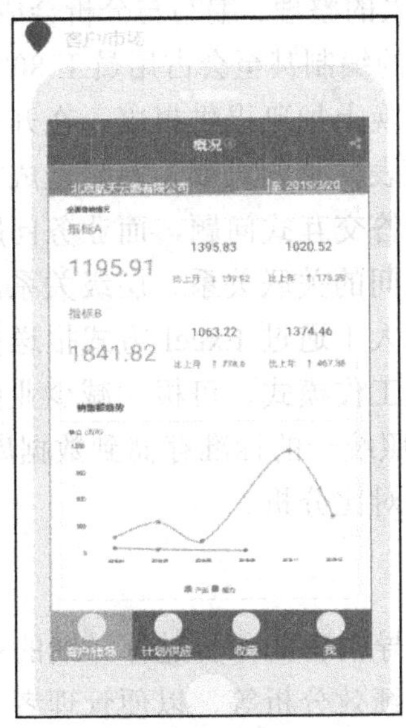

图 6-2　移动端客户市场概况页

6.1.1 客户/市场场景

1. 客户关系管理的场景

客户及市场管理人员需要通过不断获得客户相关信息，进行客户划分、客户行为分析、客户价值发现等完成客户画像，进而做出分析决策，为客户提供个性化服务和交叉销售，从而提高营销精准度，提高客户的满意度和持久度，为企业赢得市场机遇；可以帮助用户了解其发布产品以及交易过程中的浏览数据、PV、UV、转化率、客户来源等数据，对已进行客户行为分析和客户画像的对象，实施精准营销。

2. 盈利分析的场景

市场管理人员为扩大市场占有率、实现利润增长，需要了解哪类产品对利润总额贡献最大，哪个分支机构为企业带来较好的收益，采用何种的销售渠道更佳，业务该如何拓展，产品如何组合可以带来更大的收益等情况，从而制定合理的市场营销措施。

3. 报表制作场景

制造企业传统的手工数据分析方式对员工的工作造成了重大的负担，制造企业的数据报表往往有着严格的周期规定，每月、每周甚至每天都需要提供相应的报表，长年累月积累下来，数据报表的整理、编写与分析会成为一个非常繁重的工作，很多企业一到月末，数据报表的编制甚至会占用员工 80%以上的工作时间。

尤其是销售人员，经常晚上加班提供报表，在开会讨论前都是临时做报表。如果多人参与，由于缺乏报表共享的机制，容易造成重复劳动和出现差错。

同时，各种图表无法回答交互式问题，而业务问题经常需要多个角度的交互分析，以及找出不同数据之间的关联关系、层级关系，即需要横向联动和纵深挖掘；另外，以往需要大量的人工通过 Excel 方式报送报表，所以需要转变为在移动端/PC 端在线填报数据的工作模式，可极大减少业务人员工作量，提高数据的共享效率，并将手工数据按照统一的标准存储到数据库，增强了数据的完整统一，也更加有利于对历史数据的对比分析。

4. 销售分析场景

销售业务管理者需要引导销售业务员进行详细的业务分析，如销售流向分析、退货分析、回款分析、销售绩效分析等，以便管理者和决策者及时发现销售过程存在的问题并做出调整。

6.1.2 计划/供应场景

1. 供应链管理场景

生产制造型企业需要围绕供应链管理，对各个供应商的供应时间、供应周期、供货质量、供货价格、准交率等进行数据分析，有效地对供应链进行选择、评判、优化；需要调整和监控供应商的行为，及时订货补货，保证生产顺利进行。

2. 库存管理场景

生产制造型企业需要了解哪些原材料或者成本占用库存时间的长短和占用资金的多少，进行合理的库存管理；需要通过综合销售分析和库存分析促进 JIT(无库存生产方式)管理，减少库存成本。

6.1.3 生产/质量场景

1. 生产管理场景

生产管理部门需要实时把控各设备运行状态，并实时监测各部件运行数据，如应力情况、超载使用情况等，保证企业的安全生产，对故障设备提前预警和维护；生产部经理能从生产时间、产能利用和资源运用等关键绩效指标(KPI)，监控生产力并策划产能和优化资源；企业经营管理层需要有效的流程监控，在生产过程中，可及时发现异动数据，提前预警和及时报警，提升生产质量、降低事故率、提高运营效率；生产部门需要能自动将数据库中的设备相关信息加载到固定格式的报表中，自动统计工数、时长、产出等，生产业务人员确认后直接上报，即可完成数据的采集填报工作，生产组长可以快速汇总其下属各个人员的生产数据，并将数据逐层上报。

2. 品质管理场景

品质管理部经理需要能够透过产品缺陷分析改善产品质量；能够关注影响产品质量的制造环节的实时动态，出现异常时能够得到及时的预警或报警。

3. 成本管理场景

生产管理者和企业管理层需要通过生产成本分析(多角度成本分析、量本利分析、比重分析、比较分析、利润分析)对库存管理和生产过程的发生费用进行监控，辅助决策者发现生产管理环节的不合理投入，加强成本的事前控制。

6.1.4 能源/能耗场景

1. 能源管理场景

制造企业的能源管理部门需要对生产中用到的各种能源(广义上包括供配电、

给排水、动力和环保等)进行统一管理、统一分析，并对重点能耗设备进行管理控制和对标分析，从而清楚地了解能源使用细节，提高能源管理的水平。大型制造企业的总部需要对每个工厂的能耗状态进行宏观监控，同时，还需要获取所有的警告信息、待处理警告、已处理警告，汇总提供给企业经营管理层进行处置。

2. 节能减排场景

企业管理者需要各维度能耗和排放信息，为进一步实施节能减排提供数据支撑，进行科学管理，提高效率，降低能耗及经营成本。

6.1.5 财务/人力场景

1. 预算管理场景

企业需要将年初预算数据与实际发生的数据进行对比，实时了解目前的经营状况；还能钻取了解细分到区域、科目、人员的费用情况，这样可以发现差异，及时调整科目费用或预算费用。

2. 人资管理场景

企业经营管理层需要了解人力资源总体情况、结构情况、人才层次和人力资源变动情况，包括企业的人员结构、性别结构、年龄结构、职称情况、学历情况、人员变动趋势等情况，以便及时调整人才引进和人才结构等策略，为企业的长期稳定发展打下坚实的人力资源基础。

3. 财务预测和辅助决策场景

随着企业业务规模的快速增长和公司精细化管理的加强，手工分析数据的方法已难以满足企业管理者快速分析和预测财务状况的要求。企业管理者需要从财务数据中获得信息，从信息中获得知识，再运用知识做出正确的决策，所以需要通过信息系统的支持，深挖财务信息价值，提供多视角、多层次分析报告，辅助企业在操作层、战术层和战略层，做出财务预测和经营决策。

6.1.6 数据聚合场景

制造业原有的各应用系统(ERP、SCM、CRM)随着企业的发展积累了大量的数据，但内部信息系统之间缺乏统一的平台对数据进行关联、整合及联通，数据之间的关联关系和特征难以进行全面准确描述，数据“孤岛”现象严重。所以，需要通过数据仓库的建立，为经营管理层提供一个全局的视图，及时了解“人财物，产供销”情况，可以更加全面地看待问题，降低决策失误风险，摆脱数据“孤岛”的烦恼。

6.1.7 数据价值挖掘场景

企业内部需要应用大数据分析技术，帮助企业提升数据的准确性和及时性，挖掘数据的价值，提升产品和服务的创新力，提升企业的商业决策水平，降低企业经营的风险，提高企业经营效益。

6.1.8 管理效率提升场景

企业经营管理层需要将数据转换为信息或者知识进而辅助其决策，并且能够通过钻取功能对数据结果进行追根溯源，使问题的分析不止步于表面结果，发掘出数据中包含的机会。

另外，制造企业存在多数据源、差异性数据、跨系统的数据访问和分析的需求，在进行复杂的企业级报表的制作、分发和再加工时，需要提升工作效率和降低人工成本。

企业需要对积累的大数据进行挖掘，得到数据潜在规律或趋势，便于经营管理层做出下一步预测。

企业各个部门的员工制作大量报表，决策者在面对大量堆积报表数据时也感到头疼，需要通过系统轻松进行数据分析，也需要通过移动终端使决策者可以及时且随时查看所关心的数据。

6.2 企业驾驶舱实例介绍

企业驾驶舱经过不断的探索和建设，已经有不少成功案例，下面摘取几个典型案例，对企业驾驶舱进行简单介绍。

6.2.1 沈阳中之杰流体控制系统有限公司应用案例

沈阳中之杰是一家以自动化和信息化技术为基础，以液压设备、测试设备、数控机床、工艺装备为核心，致力于高端智能装备、智能产线、智能车间研发与制造的高新技术企业。沈阳中之杰秉承“以客户为中心，以品质和效率为根本”的经营理念，构建了从基础技术研究到应用技术开发的研发体系，打造了从独有技术、核心部件、领先产品到智能车间系统解决方案为一体的完整产业链。

在应用企业驾驶舱之前，沈阳中之杰业务数据的统计、分析及报送均通过手工完成，数据的准确性、时效性不能很好地满足企业经营管理的需要，缺少必要的预警机制，无法对业务管控和经营决策提供有效支撑。沈阳中之杰力求通过全面应用企业驾驶舱，较好地解决上述痛点。

采取业务上云、与本地信息系统打通、定制化功能模块开发等方式，在沈阳中之杰深入应用企业驾驶舱的客户/市场、计划/供应、生产/质量、能源/能耗、财务/人力及自助分析等功能模块。

1. 客户/市场

沈阳中之杰通过 INDICS 平台云端业务工作室和云端营销销售本企业的产品，企业驾驶舱对需求、报价、订单、合同、交易及售前售后等数据进行统计、分析，以图表的形式展示销售情况、市场状况分析及客户圈等信息，分析企业在市场营销方面的优势和存在的问题，助力企业及时制定和调整市场策略。

2. 计划/供应

沈阳中之杰通过计划/供应版块了解采购需求的类别、成交情况，并可详细了解采购订单、合同详情，全面统计分析上下游供应商分布、规模、行业、企业性质等属性；通过数据分析，全面了解自身供应链情况并把控整个采购流程。

3. 生产/质量

通过与沈阳中之杰既有的 SCADA 系统打通，从沈阳中之杰生产车间采集设备数据，记录车间布局和设备状态等信息，可以在企业驾驶舱实时查看生产车间的设备状态，便于及时监控工厂运行状态。

SCADA 页面展示如图 6-3 所示。

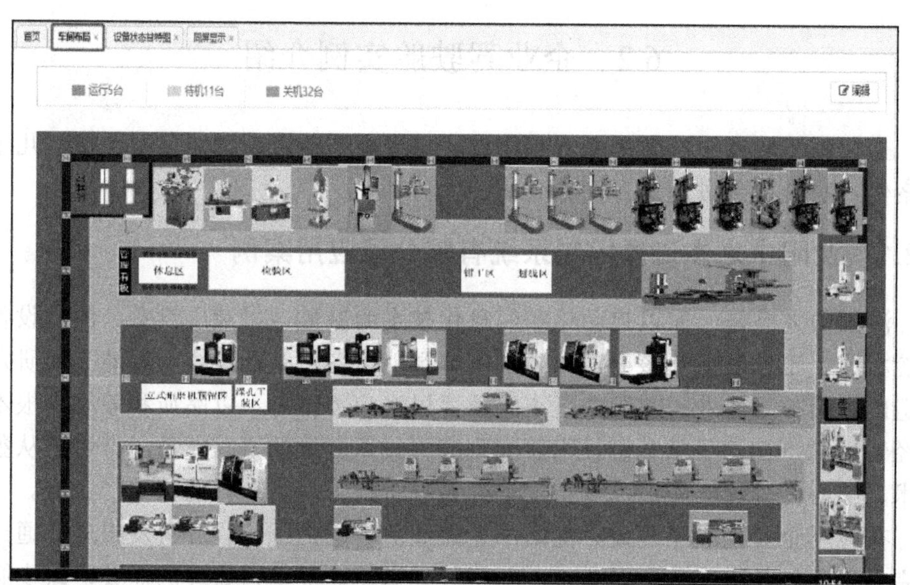

图 6-3　SCADA 页面展示

4. 能源/能耗

企业通过企业驾驶舱，采集和分析公司能源/能耗数据，例如每日公司的耗电量、功率、碳排放等数据，帮助企业及时了解能耗情况，制定管控策略，降低成本。能源/能耗页面分析展示如图 6-4 所示。

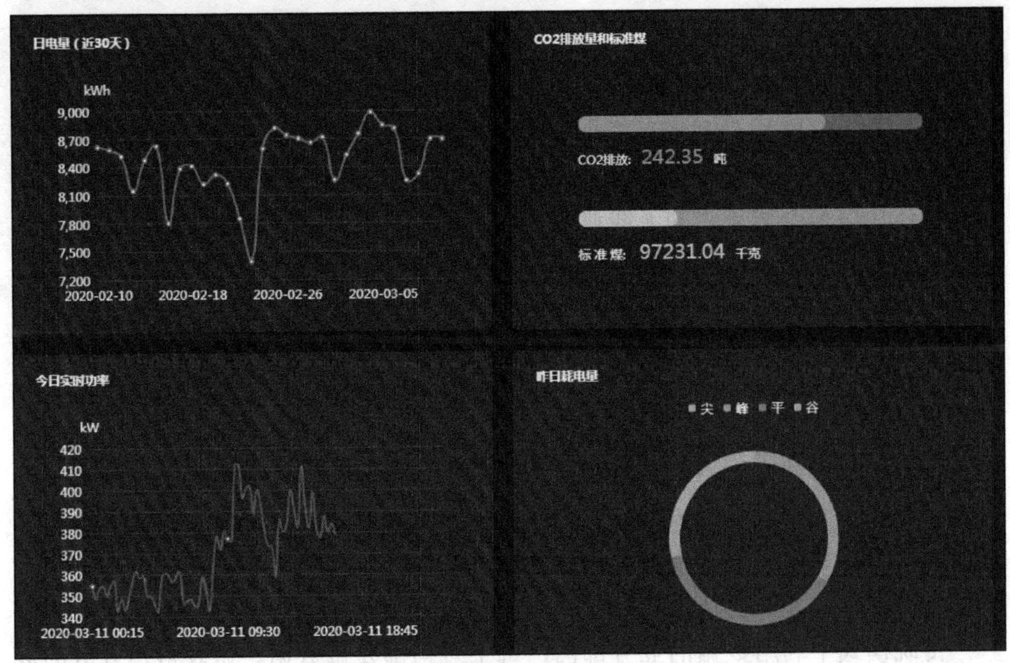

图 6-4 能源/能耗页面分析展示

5. 财务/人力

通过该模块，企业可以实时查看营收、利润、两金、现金流等财务数据，及员工基本情况分析和劳动生产率、工资产出比等人力资源分析数据。

6. 自助分析

沈阳中之杰利用企业驾驶舱自助分析模块，任意选取数据集中的字段作为度量和统计维度(即 X 轴和 Y 轴)，快速生成类型多样的个性化分析图表，再将这些图表进行简单布局，即可形成自助分析报告。沈阳中之杰利用这个功能，以需求发布数据集、采购数据集、销售数据集、云端营销数据集等数据集作为数据源，进行多维度的数据分析，满足企业多样化需求。

沈阳中之杰作为企业驾驶舱的试点示范企业，应用成效显著：手工统计工作量减少了 60%以上，通过企业驾驶舱统计的数据基本避免了数据不准确的情况，潜在订单跟进效率提升 20%以上，用户满意度大幅提高，资源利用率显著提高。

企业驾驶舱的应用，实现了数据可视化和透明化，推动了企业数据驱动、员工自我管理，使公司各项经营管理工作有的放矢和良性有序，助力企业发展。

6.2.2 京信通信系统(中国)有限公司应用案例

随着企业在资本市场运作，对于资产、财务的可视化程度以及生产和销售的精细化程度要求也越来越高。因此，运用可视化数据管理来支撑业务层对于企业运营状况的全局掌控，利用科学化的管理手段来配合企业的决策层和管理层，成为了信息化建设又一重要目标。

京信通信是全球领先的无线通信与信息解决方案及服务提供商，聚焦客户需求，持续创新，为全球 100 多个国家和地区的客户提供移动网络覆盖及行业应用整体解决方案和服务。公司凭借丰富的行业经验、强大的技术研发实力，以及本地化服务优势，提供跨专业、跨行业的一站式服务。

从传统 BI 到敏捷 BI，京信通信其实感触最深的是能做探索式分析。因为在做数据建模和数据分析时，数据指标很多，数据需要清洗，分析需要不断探索，不断调整传统分析方式会有大量的成本。以往，京信通信在构建一个模型或想法时，可能耗费的时间比例是 20%，剩下 80%的时间用来进行数据的整理、清洗、调度等。但是现在，如果这部分工作使用企业驾驶舱提供的一站式大数据分析平台进行处理，会在人力成本上节省一大笔开支。

传统模式中利用数据的业务部门，每个月初都要做数据、做表格，分散的数据给他们带来很大的负担。除此之外，每个部门做的数据的口径也不一样，汇总到领导层，经常会出现人事部门提供的数据和财务部门的不同。对于哪个提供的是真实数据，各部门又说法不一，这就很容易妨碍到领导层的决策。对于真实数据的探寻任务最后又会回归到 IT 部门，造成沟通和人力成本的上升。

充分利用企业驾驶舱→我的报告中的功能模块，制作数据分析报告，并以页面图表的形式提供给有权限的用户查看、分析，及时了解企业的运营状况，页面如图 6-5 所示。

京信通信日常数据整理在 Excel 表格中，该数据可通过企业驾驶舱的创建数据集功能导入企业驾驶舱。导入数据后，通过企业驾驶舱制作报告模块可快速搭建分析平台，通过简单的鼠标拖拽操作即可生成各种维度的分析报表。保存报告后，通过查看报告权限模块设置报告的可查看人，只有拥有报告查看权限的人才可以查看报告模块的相关数据。

在数据探索式分析中，企业驾驶舱便捷的操作方式为数据探索提供了极大便利，使 IT 的工作和业务分析更加自动化和智能化，显著缩短了数据分析时间。

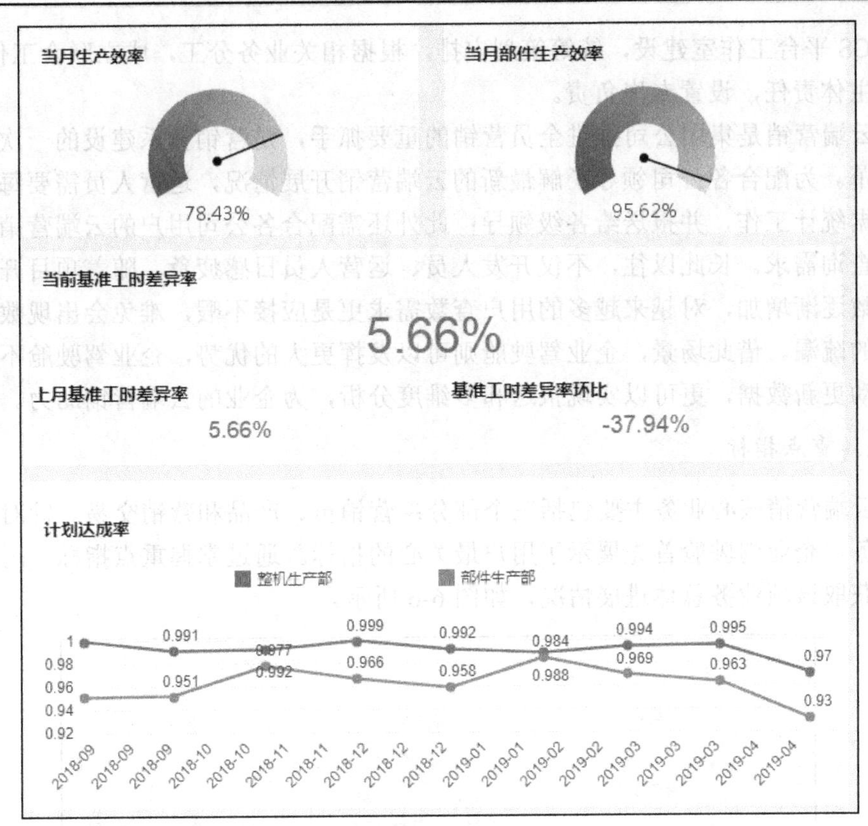

图 6-5　查看企业运营状况页面

6.2.3　云端营销专题应用案例

云端营销平台是航天科工集团转型升级战略落地、适应互联网经济发展趋势、牵引产业全业务流程云化和区块链产业发展、助力公司廉洁风险防范的有力抓手。云端营销平台利用大数据、云制造等多种技术，对创新营销模式、拓展营销渠道、汇聚营销资源具有重要作用，对应对当前严峻形势、牵引产业长远发展具有重要意义，是培育产业发展新动能、新增量的重要途径。云端营销平台自 2018 年 8 月成功上线运行以来，通过在业务模式和服务模式等方面的创新探索，形成了深受公众欢迎的营销风格。

航天科工集团高度重视云端营销工作，多次就加快推进云端营销做出具体指示和决策部署。自云端营销平台正式上线以来，便面向公司全体员工提供在线营销支持服务。这一平台获得了内部公司员工的积极响应。据悉，从首单成功交付开始，航天科工集团各院所已成功运用云端营销平台实现上亿元成交额。在云端营销平台使用过程中，各单位员工以云端业务工作室为应用契机，积极开展

INDICS 平台工作室建设，统筹策划安排，根据相关业务分工，成立联合工作组，明确主体责任，设置专岗负责。

云端营销是集团公司推进全员营销的重要抓手，是营销体系建设的一次革命性变革。为配合各公司领导了解最新的云端营销开展情况，运营人员需要每天进行数据统计工作，并报送给各级领导；此外还需配合各公司用户的云端营销重点指标查询需求。长此以往，不仅开发人员、运营人员日感疲惫，随着项目开展，用户数逐渐增加，对越来越多的用户查数需求更是应接不暇，难免会出现数据计算上的疏漏。借此场景，企业驾驶舱则可以发挥更大的优势，企业驾驶舱不但每日自动更新数据，更可以实现报送和多维度分析，为企业的云端营销助力。

1. 重点指标

云端营销核心业务主要包括三个部分：营销员、产品和营销交易。针对三部分业务，企业驾驶舱首先展示了用户最关心的指标。通过掌握重点指标，用户可快速获取该项业务总体进展情况，如图 6-6 所示。

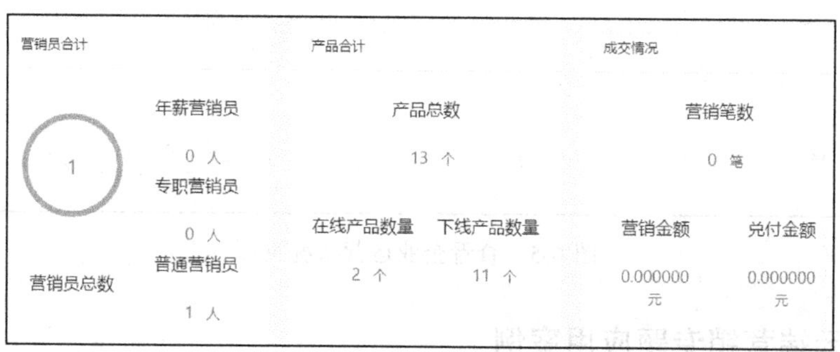

图 6-6　云端营销重点指标

2. 统计数据

为了更好地查看明细数据、下载数据，以及满足对固定统计报表的日常需求，企业驾驶舱调研了运营及用户的统计需求，并进一步提供了六个详情表和常用统计报表，分别为营销员详情表、营销员活跃详情表、货源中心产品列表、产品流量详情表、云端营销详情表、云端营销数据统计。单击各个表名则可以直接跳转到对应表格进行查看及下载，以支持进一步分析或报送，如图 6-7 所示。

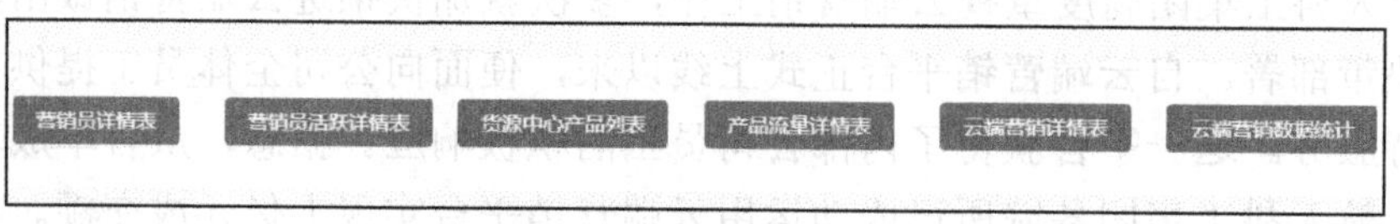

图 6-7　云端营销详情表

3. 多维度分析

在满足运营的需求基础上，企业驾驶舱进一步对营销员活跃情况、云端营销实际交易情况、云端营销产品情况进行了深度挖掘和可视化分析。通过云端营销销售总额、合同违约率等数据，可对云端营销实际交易情况进行分析，帮助经营管理者对云端营销策略进行更合理布局；气泡图和产品流量趋势则可以帮经营者更好地管理货架，识别更热销产品并下架滞销产品，营销员活跃趋势如图 6-8 所示；货源中心数据可视化分析如图 6-9 所示。

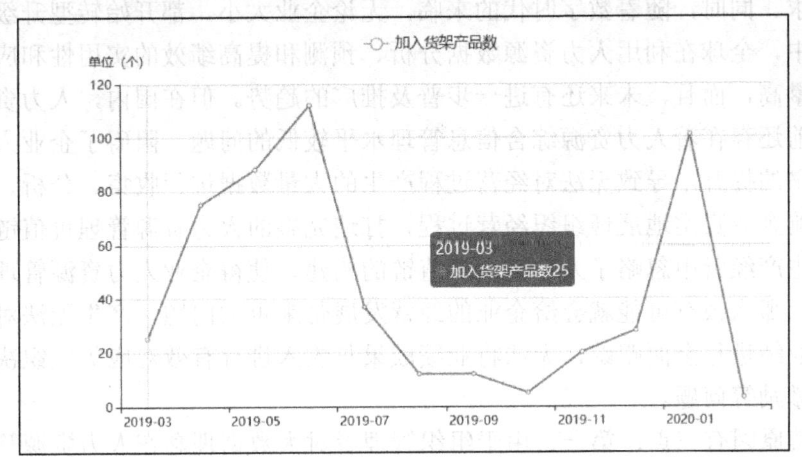

图 6-8 营销员活跃趋势

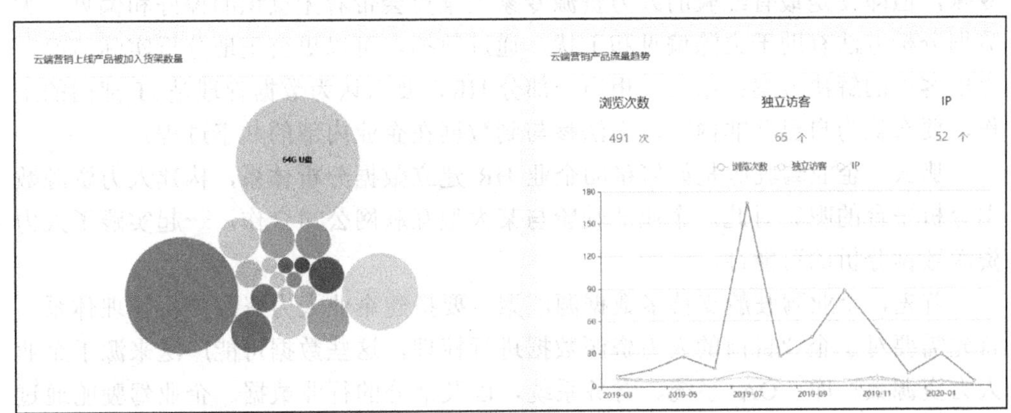

图 6-9 货源中心数据可视化分析

云端营销模块，一方面通过自动化数据更新和计算，首先减轻了开发人员和运营人员的工作负担，其次减少了逐级报送数据的流程复杂性，最后避免了计算疏漏，确保了数据的准确可靠性；另一方面通过提供更多的数据分析可视化图表，对云端营销数据进行了多方面的深度挖掘，为企业管理者的决策和战略布局提供参考。作为人人都能参与的互联网在线营销模式，云端营销不仅有利于实现员工利益与企业发展相协调，也有利于形成现代化企业管理新模式，引导生产全要素实现变革。

6.2.4 人力资源分析看板应用案例

随着互联网产业快速发展，注重质量、注重效率、注重速度成为组织发展的内在要求。同时，随着数字时代的来临，无论企业大小，都开始转型升级，在过去几年中，全球在利用人力资源数据分析、预测和提高绩效的实用性和应用价值上不断攀高，而且，未来还有进一步普及推广的趋势。但在国内，人力资源数据分析目前还存在着人力资源综合信息管理水平较低的问题，阻碍了企业人力资源管理水平的提升，导致无法对经营过程产生的大量数据进行收集、分析、挖掘，进而影响企业真实地展现组织经营过程，打造完整的人力资源管理价值链。如果企业在生产经营中忽略了人力资源价值链的构建，使得企业人力资源管理工作遇到问题，那么很有可能就会给企业的经营发展带来重大问题，产生无法对企业中人员的业绩进行全面跟踪，无法将业绩成果与收入进行有效对应等组织决策效率及人员激励等问题。

究其原因有三点：第一，由于组织管理者对大数据理念在人力资源管理中应用的重要意义并没有深刻理解；第二，企业还是比较偏向相信有经验的人力资源专家，但即使是最有经验的人力资源专家也难免会带着无意识的偏好和偏见，大数据分析方法有助于去除偏见和干扰，通过数据，可以更公正地分析实际情况，提出客观的解决方案；第三，相当一部分 HR，要么认为数据管理是 IT 部门的工作，要么认为自己并非内行，无法参与到数据在企业内部的共享过程。

那么，企业驾驶舱是如何帮助企业 HR 建立数据分析体系，构建人力资源数据分析平台的呢？对此，企业驾驶舱与某大型互联网公司合作，一起实践了人力资源数据分析的可能性。

首先，企业驾驶舱支持多数据源汇聚，要搭建企业人力资源分析管理体系，首先需要对于企业目前的人力资源数据进行梳理，这些数据可能广泛来源于企业人力资源数据库、OA 系统、财务系统，以及部分的行业数据。企业驾驶舱通过对不同类型的数据库的梳理、整合，为企业建立起统一的数据仓库或者数据湖，为进一步的数据分析奠定基础。

其次，覆盖人力资源数据分析 85%的模型：人力资源效能分析、招聘配置分析、组织管理分析、员工培训分析、提醒和预警。企业驾驶舱为企业 HR 提供了全方位的数据分析，企业 HR 可以根据人力资源问题，选取其中的模型，能帮助

HR 处理 85%人力资源方面的数据分析。例如，在人力资源效能管理方面，通过企业驾驶舱数据分析平台不仅可以直观地体现当前的员工数量、管理人员占比、各部分人员分配等核心指标分析，在员工关系分析模块，还可以展示员工入职与离职数据、岗位分布等常规数据。图 6-10 所示为人力资源核心数据；图 6-11 所示为人力资源成分分析。

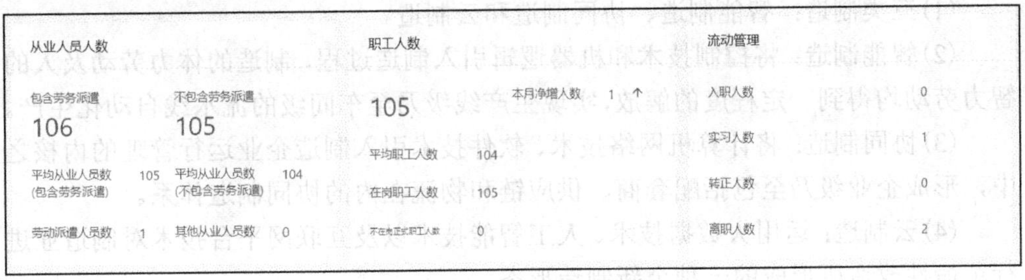

图 6-10　人力资源核心数据

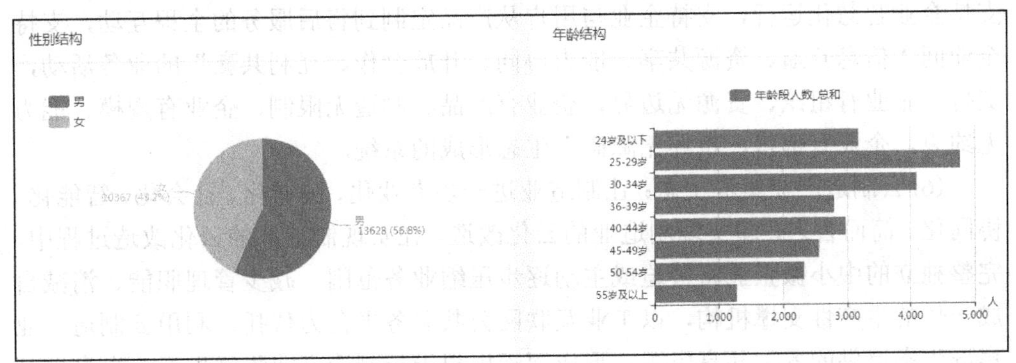

图 6-11　人力资源成分分析

企业驾驶舱从公司的战略和业务出发，从支撑公司发展的驱动因素和核心能力着手梳理人力资源管理数据的来源场景：组织架构、招聘数据、员工数据、绩效数据、薪酬数据、考核数据，以数据图表的方式直观地显示这些数据的变动情况，可以支撑人力资源以及高层管理者更清晰地了解公司内部人力资源的全貌，并强化管理。

附录1 名 词 解 释

(1) 三类制造：智能制造、协同制造和云制造。

(2) 智能制造：将控制技术和机器逻辑引入制造过程，制造的体力劳动及人的智力劳动均得到一定程度的解放，实现生产线级乃至车间级的流水线自动化生产。

(3) 协同制造：将计算机网络技术、软件技术引入制造企业运行管理的内核之中，形成企业级乃至包括配套商、供应链和物流在内的协同制造体系。

(4) 云制造：运用大数据技术、人工智能技术以及互联网平台技术对制造业进行革命性改造所形成的一种全新制造形态。

(5) 工业互联网：能够支持工业企业智能制造、协同制造、云制造过程实现，支持企业智慧化运行，支持企业与用户从产品定制到售后服务的全程互动，支持企业间“信息互通、资源共享、能力协同、开放合作、互利共赢”的业务活动，支持“企业有组织、资源无边界，企业有产品、制造无限制，企业有规模、能力无约束，企业有销售、市场无障碍”生态形成的系统。

(6) 云制造产业集群生态：让制造业进一步专业化、分布化、社会化、智能化、协同化，简而言之，即实现制造业的云化改造。在实现制造业的云化改造过程中，完整独立的中小微企业将被迫或主动逐步压缩业务范围、减少管理职能、消减自成一体的生产性支撑机构，以工业互联网公共服务平台为依托，利用云制造产业集群生态提供的各种共享资源，形成深深植根于云制造产业集群生态、自身也是云制造产业集群生态一部分的新型企业。同时，积极加入云制造产业集群生态的大型、特大型制造企业，必将大幅削减那些并非自身强项、不具生态竞争力的业务和机构，以适应生态环境对于企业生存与发展的无形约束。

(7) 航天云网：采用 INDICS+CMSS 搭配，构建和涵养以工业互联网为基础的云制造产业集群生态，兼容智能制造、协同制造和云制造三种现代制造形态，运用大数据和人工智能技术以及第三方商业与金融资源，服务于制造业技术创新、商业模式创新和管理创新。其内在商业驱动力为 3M(省钱(to save money)、赚钱(to get money)、生钱(to make money))；其内在商业逻辑是促进技术创新、商业模式创新与企业管理创新关联互动，推动企业转型产业升级。

(8) CMSS：云制造支持系统(cloud manufacturing support system)，主要包括工业品营销与采购全流程服务支持系统、制造能力与生产性服务外协与协外全流程服务支持系统、企业间协同制造全流程支持系统、项目级和企业级智能制造全流程支持系统四个方面，采用一脑一舱两室(企业大脑、企业驾驶舱、云端业务工作室、云端应用工作室)的业务界面提供用户服务。企业大脑为科学决策层提供支撑和服务；企业驾驶舱为企业经营层管理提供服务；云端业务工作室为产供销提供集群化业务及周边业务提供支撑；云端应用工作室为定制、设计、研发、试验及售后技术服务提供支撑。

(9) INDICS：航天云网工业互联网空间(industrial internet cloud space)平台是以区块链、边缘计算、大数据智能、新一代人工智能技术等为核心的工业互联网开放空间，面向全球开发者、设备制造商和集成商以及合作伙伴提供全生命周期工业应用的开发、部署和运行环境。

(10) AOP(aerospace open platform)：航天开放平台，是一套应用开发与运行支撑平台，为开发者提供一站式开发、部署运行环境；是一套以工业数据为驱动，以云计算、大数据、物联网、人工智能为核心技术，面向工业应用的开放平台；是 INDICS 平台的重要组成。

(11) API (application programming interface)：支撑应用开发、应用部署及设备接入的程序接口。

(12) 工业 IoT(industrial internet of things)：工业物联网，是指将具有感知、监控能力的各类采集或控制传感器，以及泛在技术、移动通信、智能分析融入工业生产过程各环节，从而大幅地提高制造效率，改善产品质量，降低产品成本和资源消耗。

(13) CRP(cloud resource plan)：云资源计划协同管理系统，是一套对企业间生产动态资源协同共享，并通过对资源的科学匹配、智能推荐开展企业内、跨企业有限产能高级排产的管理系统。通过有限产能高级排产实现对企业去库存、降成本和专业单元设备的有效利用，达到企业均衡生产的目的。

(14) CPDM(cloud product data management)：跨企业协同设计的云端产品数据管理系统，主要包括多维项目管理、协同设计管理、产品数据管理、协同研讨与审签管理、技术状态管理、基础数据与工程资源管理、消息管理和云端设计及三维可视化等功能，支持跨部门、跨企业和跨地域的云端协同设计。

(15) CMES(cloud manufacture execution system)：云制造执行系统，是利用云计算技术开发的针对企业生产制造过程管理和资源优化的集成运行系统，为企业提供生产计划、生产过程管控、质量管控、设备管理等日常管理业务解决方案，同时也为企业提供基于工业互联网的智能生产云服务，满足企业线上智能制造需求。通过线上与线下结合，为企业提供线上及工业现场整套智能制造解决方案。

(16) COSIM(collaborative simulation)：面向多学科领域，支持高层体系结构，基于 XML/Web 中间件技术和仿真组件引擎技术，由多个子部件组成，具有通用性、开放性和可扩展性的建模、调试、运行、评估一体化的建模仿真环境。

(17)虚拟工厂：在云平台上构建与实际工厂中物理环境、生产能力和生产过程完全对应的虚拟制造系统，集成企业接入的各类制造信息，支持企业生产能力展示、产线规划仿真、车间生产监控管理等功能。

(18)IPv6(internet protocol version 6)：扩展互联网 IP 地址数量，满足更多设备需求，增加了安全性，但是不能改变已有的连接速度。IPv6 是互联网工程任务组(internet engineering task force，IETF)设计的用于替代现行版本 IP 协议(IPv4)的下一代 IP 协议。IPv4 最大的问题是网络地址资源有限，严重制约了互联网的应用和发展。IPv6 的使用不仅解决了网络地址资源数量有限的问题，而且也解决了多种接入设备连入互联网的障碍。

(19)人工智能：研究开发用于模拟、延伸和扩展人的智能的理论、方法、技术及应用系统的一门新的技术科学。

(20)区块链：一种公共记账的机制，通过建立一组互联网上的公共账本，由网络中的所有用户共同在账本上记账与核账，以保证信息的真实性和不可篡改性。区块链具有去中心化、去信任化、可扩展、匿名化、安全可靠等特点。

(21)边缘计算：在靠近物或数据源头的网络边缘侧，融合网络、计算、存储、应用核心能力的开放平台，就近提供边缘智能服务，满足行业数字化在敏捷连接、实时业务、数据优化、应用智能、安全与隐私保护等方面的关键需求。

(22)协作用户：通过发布需求、响应报价、进行优选、完成交易、质量认证等方式使用 INDICS 平台的用户。

(23)工业互联网指数：智能制造指数、协同制造指数和云制造指数。其中，智能制造指数反映制造企业智能化改造的进程与程度；协同制造指数由行业协同指数和跨域协同指数构成，反映制造企业在智能制造基础上依托互联网技术和并行工程的协同制造程度；云制造指数反映制造企业在协同制造基础上开展云制造业务的程度与广度。

附录2 产品及专业术语

(1) 企业大脑。企业决策支持系统，俗称企业大脑，英文为 enterprise decision support system，缩写为 EDSS。

(2) 企业驾驶舱。企业运行支持系统，俗称企业驾驶舱，英文为 enterprise operational support systems 缩写为 EOSS。

(3) 云端业务工作室。企业交易流程支持系统，俗称云端业务工作室，英文为 enterprise transaction process support system，缩写为 ETPSS。

(4) 云端应用工作室。企业制造过程支持系统，俗称云端应用工作室，英文为 enterprise manufacturing process support system，缩写为 EMPSS。

(5) 企业上云服务站。网络接入服务系统，俗称企业上云服务站，英文为 enterprise network access service system，缩写为 ENASS。

(6) 中小企业服务站。企业管理外包服务系统，俗称中小企业服务站，英文为 enterprise management outsourcing service system，缩写为 EMOSS。

(7) 数据淘金软件。价值挖掘服务系统，俗称数据淘金软件，英文为 data value mining service system，缩写为 DVMSS。

(8) 现金流量是现代理财学中的一个重要概念，是指企业在一定会计期间按照现金收付实现制，通过一定经济活动(包括经营活动、投资活动、筹资活动和非经常性项目)而产生的现金流入、现金流出及其总量情况的总称，即企业一定时期的现金和现金等价物的流入和流出的数量。

(9) 收入利润率指企业实现的总利润对同期的销售收入的比率。收入利润率指标既可考核企业利润计划的完成情况，又可比较各企业之间和不同时期的经营管理水平，提高经济效益。收入利润率=利润总额/销售收入。

(10) 资产负债率又称举债经营比率，它用于衡量企业利用债权人提供资金进行经营活动的能力，以及反映债权人发放贷款的安全程度的指标，通过将企业的负债总额与资产总额相比较得出，反映在企业全部资产中属于负债比率。资产负债率=负债总额/资产总额×100%。

(11) 全员劳动生产率。根据产品的价值量指标计算的平均每一个从业人员在单位时间内的产品生产量。全员劳动生产率是考核企业经济活动的重要指标，是企业生产技术水平、经营管理水平、职工技术熟练程度和劳动积极性的综合表现。全员劳动生产率=工业增加值/全部从业人员平均人数。

(12)工资产出比。工资率是指单位时间内的劳动价格。工资率=单位劳动的产出，即 $w=Y/L$，因为劳动的投入一般只用时间来度量，所以也就是单位时间的报酬。工资产出比=人均劳动生产力/人均薪资×100%。

(13)净资产收益率又称股东权益报酬率或净值报酬率或权益报酬率或权益利润率或净资产利润率，是净利润与平均股东权益的百分比，是公司税后利润除以净资产得到的百分比率，该指标反映股东权益的收益水平，用以衡量公司运用自有资本的效率。指标值越高，说明投资带来的收益越高。该指标体现了自有资本获得净收益的能力。净资产收益率=税后利润/所有者权益。

(14)周转率。周转率=销售成本/平均存货余额；货周转率(次数)=营业收入/存货平均余额(该式主要用于获利能力分析)。

参 考 文 献

陈瑛琦, 扶晓, 刘劲, 2011. 可视化数据挖掘技术[J]. 电脑编程技巧与维护, (14): 71-72.

耿学华, 傅德胜, 2006. 可视化数据挖掘技术研究[J]. 计算机应用与软件, 23(2): 85-87.

邱南森, 2014. 数据之美:一本书学会可视化设计[M]. 张伸, 译. 北京: 中国人民大学出版社.

施惠娟, 2009. 可视化数据挖掘技术的研究与实现[D]. 上海: 华东师范大学.

周苏, 王文, 2016. 大数据可视化[M]. 北京: 清华大学出版社.

CAIRO A, 2015. 不只是美: 信息图表设计原理与经典案例[M]. 罗辉, 李丽华译. 北京: 人民邮电出版社.

SOUKUP T, DAVIDSON I, 2004. 可视化数据挖掘:数据可视化和数据挖掘的技术与工具[M]. 朱建秋, 蔡伟杰译. 北京: 电子工业出版社.